高校思想政治
课堂理论教学与实践研究

英 英 薛 红 卜令朵◎著

中国出版集团 | 全国百佳图书
中国民主法制出版社 | 出版单位

图书在版编目（CIP）数据

高校思想政治课堂理论教学与实践研究 / 英英，薛红，卜令朵著.—
北京：中国民主法制出版社，2024.2

ISBN 978-7-5162-3509-6

Ⅰ.①高… Ⅱ.①英… ②薛… ③卜… Ⅲ.①高等学校－思想政治教育
－教学研究－中国 Ⅳ.① G641

中国国家版本馆 CIP 数据核字（2024）第 033111 号

图书出品人：刘海涛
出 版 统 筹：石　松
责 任 编 辑：刘险涛　吴若楠

书　　　名 / 高校思想政治课堂理论教学与实践研究
作　　　者 / 英　英　薛　红　卜令朵　著

出版·发行 / 中国民主法制出版社
地址 / 北京市丰台区右安门外玉林里 7 号（100069）
电话 / （010）63055259（总编室）　63058068　63057714（营销中心）
传真 / （010）63055259
http:// www.npcpub.com
E-mail: mzfz@npcpub.com
经销 / 新华书店
开本 / 16 开　787 毫米 × 1092 毫米
印张 / 13　　**字数** / 209 千字
版本 / 2024 年 4 月第 1 版　　2024 年 4 月第 1 次印刷
印刷 / 廊坊市源鹏印务有限公司

书号 / ISBN 978-7-5162-3509-6⊠
定价 / 78.00 元

前　言

　　思想政治理论课承担着对大学生进行系统的马克思主义理论教育、培养中国特色社会主义事业建设者和接班人的重大任务，是巩固马克思主义在高校意识形态领域的指导地位、坚持社会主义办学方向的重要阵地，是全面贯彻党的教育方针、落实立德树人根本任务的主干渠道和关键课程，是加强和改进高校思想政治工作、实现高等教育内涵式发展的灵魂课程。

　　马克思主义的理论性和实践性是统一的，只讲理论而不联系实践或只联系实践而不讲理论，都是理论与实际相脱离的表现。思想政治理论课的实践教学是课堂教学、理论教学中不可或缺的重要补充，是帮助学生巩固理论知识、加深理论认知的有效途径，是人才培养、全程育人的重要环节，是帮助学生理论联系实际、用马克思主义世界观和方法论分析解决问题的重要平台。思想政治理论课要实现铸魂育人的教育目标，需要坚持理论联系实际的学风，加强实践教学，通过理论联系实际，进一步加深对课堂教学内容的理解，提升用所学理论认识社会的能力。新中国成立以来，我国不断加强思想政治理论课建设，在课堂理论教学方面形成了较为成熟、稳定的教学模式，为培养担当民族复兴大任的时代新人提供了强大的思想保证和精神动力。

　　随着计算机网络技术的不断发展，我国逐渐进入了大数据时代，大数据时代的到来给高校思想政治理论课带来了巨大的冲击和挑战，但同时也给高校思想政治理论课教学带来了新的发展机遇。要抓住机遇、应对挑战，发挥高校思想政治理论课教学立德树人的主渠道作用，必须对我国高校传统模式下的教学方式进行创新，不断提升高校思想政治理论课教学的实效性。

　　在本书编写过程中，我们在实践总结的基础上参考了大量学者、专家的相关文献和研究成果，在此一并表示衷心地感谢。我们追求完美，但囿于水平所限，书中难免有疏漏与不妥之处，敬请广大师生提出宝贵意见，以便在今后的编写工作中不断完善、逐步提高。

目录

第一章 高校思想政治理论课教学的基础理论

第一节 高校思想政治理论课的性质

高校思想政治理论课承担着对大学生进行系统的马克思主义理论教育和社会主义核心价值观教育的任务，是对大学生进行思想政治教育、落实立德树人根本任务的主渠道。充分发挥思想政治理论课的作用，用马克思主义、毛泽东思想和中国特色社会主义理论体系武装当代大学生，是党的教育方针的具体体现，是社会主义大学的本质特征，是党和国家事业长远发展的根本保证。面对国际国内深刻变化的新形势对高校思想政治理论课提出的新任务和新要求，如何进一步深化思想政治理论课改革与建设，增强教育教学的针对性、实效性和说服力、感染力，首先要正确认识思想政治理论课的科学定位，全面、准确地把握思想政治理论课的性质、任务及其在高等教育和人才培养中所处的重要地位。

长期以来，由于人们的思想认识不同，对于高校思想政治理论课的性质也有着不同的理解和看法。有的从学科角度出发，把思想政治理论课单纯地看作一种与其他学科课程地位等同的、以传授文化知识为目的、以某种学科知识或理论为基础建立起来的课程；有的着眼于人才素质结构，认为思想政治理论课教育教学是大学生素质教育的重要组成部分；也有的把思想政治理论课与大学生日常管理和思想政治工作混为一谈。事实上，中华人民共和国成立后，在党和国家关于高校思想政治理论课的文件和意见中，多次明确阐述了思想政治理论课的性质，为我们正确认识和把握其本质指明方向。

高校思想政治理论课从其反映的制度来看，是我国社会主义国家制度巩固与发展的内在要求，是我国高等教育社会主义性质和办学方向的重要体现，是社会主义大学的本质特征之一；从其学科性质来看，它归属于马克思主义理论一级学科，虽然其内容涉及哲学、历史、政治、经济、伦理、法律、心理等多个学科领域的知识，但其核心内容及其任务是思想政治教育；从其地位和功能来看，它不同于其他学科课程的教育教学，而具有鲜明的政治性、思想性、理论性和导向性，是高等学校对大学生进行思想政治教育的主渠道，是由国家统一设置和实施的、所有大学生必修的公共基础课程。

第二节 高校思想政治理论课的地位

高校思想政治理论课的地位是由其性质所决定的，体现为它在整个高等教育和社会生活中的位置和作用。具体来说，主要有以下几方面。

一、高校思想政治理论课是大学生思想政治教育的主渠道

我国高等学校对大学生的思想政治教育贯穿于学校教育教学的各个环节，体现为全员育人、全过程育人和全方位育人。就其教育渠道或途径、形式来说，主要包括：思想政治理论课教学；学生日常教育、管理；形势政策教育；心理健康教育与咨询；党、团组织工作；辅导员、班主任工作；校园文化和社会实践活动；以及通过网络和各门课程教学工作开展思想政治教育等。而这里所谓的"主渠道"，是指思想政治理论课作为国家统一设置和实施的、所有大学生必修的专门性和直接性的思想政治教育课程，在诸多思想政治教育渠道或途径、形式中起着主导或引导性的作用。

一方面，加强和改进大学生思想政治教育工作的主要任务决定了思想政治理论课的主渠道地位。大学生是十分宝贵的人才资源，是民族的希望，是祖国的未来。加强和改进大学生思想政治教育，提高他们的思想政治素质，把他们培养成中国特色社会主义事业的建设者和接班人，对于全面实施科教兴国和人才强国战略，确保我国在激烈的国际竞争中始终立于不败之地，确保实现全面建设小康社会、加快推进社会主义现代化的宏伟目标，确保中国特色社会主义事业兴旺发达、后继有人，具有重大而深远的战略意义。加强和改进大学生思想政治教育的主要任务，就是坚持以马克思主义、毛泽东思想和中国特色社会主义理论体系为指导，全面落实党的教育方针，紧密结合中国特色社会主义现代化建设的实际，对大学生系统地灌输马克思主义科学理论，进行正确的世界观、人生观、价值观、道德观和法制观教育，努力提高思想政治教育的针对性、实效性和吸引力、感染力。我们的高校是党领导下的高校，是中国特色社会主义高校。办好我们的高校，必须坚持以马克思主义为指导，全面贯彻党的教育方针。要坚持不懈传播马克思主义科学理论，抓好马克思主义理论教育，为学生一生的成长奠定科学的思想基础。要坚持不懈培育和弘扬社会主义核心价值观，引导广大师生做社会主义核心价值观的坚定信仰者、积极传播者、模范践行者。高校思想政治理论课的目标和内容正是适应了上述任务和要求。同时，在高等学校各种教育活动中，课堂教学活动是最基本、最核心、最稳定的教育环节。它集中反映了人类文明的思维成果，是人类认识世界、改造世界智慧的结晶，具有强大的理性的感召力和影响力，对人的素质的形成与发展起着奠基作用。思想政治理论课是直接为培养和提高学生的思想政治素质而设计的课程，作为理论化、系统化、科学化程度最高的"马克思主义理论"学科课程形态之一，它概括和浓缩了我国社会主义社会所积累和倡导的思想政治观念、道德规范、价值观念和行为模式，充分体现了马克思主义的基本原理及其中国化的最新成果，反映了社会主义意识形态教育的主导性要求，因而理应成为高校对大学生开展思想政治教育的主干渠道和核心课程。

另一方面，高校思想政治理论课的不断改革与建设使得它能够胜任大学生思想政治教育主渠道的重任。中华人民共和国成立以来，高校思想政治理论课从初步确立到调整、巩固，再到改革、发展，其间虽然经历了一段曲折的历程，但其课程设置和教学内容仍然适应了当时的形势和中心任务的需要；面对新的变化和新的情况，思想政治理论课也还存在着不尽适应和亟待解决的问题，但其主流和趋势仍是不断得到改进和加强。改革开放以后，高校思想政治理论课改革与建设进一步深化，先后形成了"85"、"98"和"05"方案，课程设置和内容体系不断调整、完善，中国特色社会主义理论体系进教材、进课堂、进学生头脑工作不断深入，马克思主义理论学科建设扎实推进，课程建设和教材建设取得成效，教学方式方法逐步改进，教师队伍建设得到加强。高校思想政治理论课在引导大学生坚定对马克思主义的信仰和对中国特色社会主义的信念、对改革开放和现代化建设的信心、对党和政府的信任等方面，发挥了十分重要的和积极的作用。

需要指出的是，对于高校思想政治理论课在大学生思想政治教育中的"主渠道"地位，要注意消除两种认识偏差：一是把思想政治理论课理解为"唯一渠道"，期望它在有限的课时内能够解决学生的所有思想困惑和问题，不恰当地抬高其地位和作用。二是认为思想政治理论课既然是主渠道，就应该加大学时比例。实际上，高校思想政治理论课作为大学生思想政治教育的"主渠道"，主要是从"质"而不是从"量"上来说的。充分发挥思想政治理论课的主渠道作用，必须保证一定的课程数量和学时比例。在此基础上，更重要的在于提升思想政治理论课课程设置的科学性、合理性和教育教学内容的先进性、时代性，在于增强思想政治理论课的针对性、实效性和说服力、感染力，在于提高思想政治理论课对其他教育渠道或途径的导向性、影响力以及相互之间同向同行的教育合力。

二、高校思想政治理论课是高等学校素质教育的灵魂所在

人的素质是由各种素质要素所构成的有机整体，可概括为思想政治素质、科学文化素质、专业能力素质、身体素质、心理素质、审美素质等。其中，身体、心理素质是人的素质的物质载体，科学文化素质和专业能力素质是人的素质基本内容，思想政治素质是人的素质的灵魂所在，审美素质是人的素质的综合体现。

强调对青年学生进行思想政治理论教育，提高他们的思想政治素质，并把它喻为"灵魂"和"关键"，是党和国家一以贯之的思想。高校思想政治工作关系着高校培养什么样的人、如何培养人以及为谁培养人这个根本问题。要用好课堂教学这个主渠道，思想政治理论课要坚持在改进中加强，提升思想政治教育亲和力和针对性，满足学生成长发展的需求和期待。党和国家关于提高学生思想政治素质的指示精神，是高校深入开展思想政治理论课教育教学的重要指针。

教育是培养人和造就人的社会活动。坚持德智体美全面发展，培养中国特色社会主义事业的合格建设者和可靠接班人，既是社会主义教育的最终目的，也是与社会主义前途和命运息息相关的重大教育命题。高等学校既是培养高素质人才的摇篮，也是全面推进素质教育的重要基地。我国高等教育肩负着培养德智体美全面发展的社会主义事业建设者和接班人的重大任务，必须坚持正确政治方向。高校立身之本在于立德树人。办好我们的高校，必须坚持以马克思主义为指导，全面贯彻党的教育方针。要坚持不懈传播马克思主义科学理论，抓好马克思主义理论教育，为学生一生成长奠定科学的思想基础。要坚持不懈培育和弘扬社会主义核心价值观，引导广大师生做社会主义核心价值观的坚定信仰者、积极传播者、模范践行者。因此，"培养什么人""怎样培养人"和"为谁培养人"的问题，既是素质教育的核心问题，也是一切教育工作的出发点和落脚点。思想政治理论课作为对大学生进行思想政治教育的主阵地、主课堂、主渠道，承担的正是这一使命和重任。如果这方面的教育搞不好，其他方面的教育就会偏离正确的方向，就会失去前进的动力。只有摆正思想政治理论课在素质教育中的地位，充分发挥思想政治理论课在素质教育中的灵魂作用，才能真正回答高校立德树人的根本问题，从而保证我国高等教育的社会主义方向，为中国特色社会主义事业培养德智体美全面发展的高素质人才。

三、高校思想政治理论课是我国社会主义精神文明建设的重要环节

高校思想政治理论课在社会主义精神文明建设中处于基础性地位，是我国社会主义精神文明建设的重要环节。

（一）思想政治理论课与社会主义精神文明建设的目标相一致

改革开放以来，党和国家十分强调物质文明和精神文明一起抓的战略方针，并多次在党的重要会议上作出关于社会主义精神文明建设的重大决定。社会主义核心价值观是当代中国精神的集中体现，凝结着全体人民共同的价值追求。要以培养担当民族复兴大任的时代新人为着眼点，强化教育引导、实践养成、制度保障，发挥社会主义核心价值观对国民教育、精神文明创建、精神文化产品创作生产传播的引领作用，把社会主义核心价值观融入社会发展各方面，转化为人们的情感认同和行为习惯。高校思想政治理论课的指导思想和根本任务决定了它与社会主义精神文明建设的实质是一致的，是社会主义精神文明建设的重要途径和有机组成部分。中华人民共和国成立以来尤其改革开放以来，高校思想政治理论课始终体现和贯彻了社会主义精神文明建设的要求，坚持以马克思主义为指导，以培养"四有"新人、促进大学生全面发展为目标，引导学生树立崇高的理想信念，树立科学的世界观、人生观和价值观，对提高全民族的思想道德素质和形成良好的社会道德风尚，发挥了十分重要的积极作用。

（二）思想政治理论课与社会主义精神文明建设的内容相协调

精神文明建设，包括思想道德建设和教育科学文化建设两方面，渗透在整个物质文明建设之中，体现在经济、政治、文化、社会、生态的各个方面。教育科学文化建设所要解决的是整个民族的科学文化素质问题和现代化建设的智力支持问题。教育发达、科学昌明、文化繁荣既是物质文明建设的重要条件，也是提高整个中华民族思想道德水平和科学文化素质的基础。思想道德建设要解决的是整个民族的精神支柱和精神动力问题，因而是精神文明建设的灵魂，决定着精神文明建设的性质和方向，是精神文明建设的根本，对社会的政治经济发展有巨大的能动作用。任何社会稳定的国家，在通常情况下就是因为这个国家中的公民在思想道德方面有着较多的共同点。相反，如果一个国家的公民在思想道德上有相当大的差异，那么，这个社会就会发生战争、分裂，或者形成专制独裁的压迫者统治。因此，世界各国都要通过各种各样的途径和方式，对公民进行思想道德的教育和培养，使人们形成大致相同的国家观、民族观、世界观和价值观，以期达到国家的稳定和繁荣发展。社会主义思想道德建设的基本任务是：坚持爱国主义、集体主义、社会主义教育，加强社会公德、职业道德、家庭美德和个人品德建设，引导人们树立中国特色社会主义的共同理想和正确的世界观、人生观、价值观。思想道德建设的基本内容可以归纳为理想建设、道德建设和纪律建设三个方面。其中，理想建设是思想道德建设的核心，道德建设是思想道德建设的主体内容，纪律建设是思想道德建设的保证。高校思想政治理论课的内容集中反映了社会主义精神文明建设的核心特征。它涵盖了政治、经济、历史、伦理、法律等学科的主要内容，具有完整的教育教学体系，是对大学生进行思想政治教育的主渠道。它以理想信念教育为核心，深入进行马克思主义理论教育、社会主义核心价值观教育；以爱国主义教育为重点，深入进行弘扬和培育民族精神教育；以基本道德规范为基础，深入进行公民道德教育；以大学生全面发展为目标，深入进行民主法治教育、集体主义和团结合作精神教育，以及人文素质和科学精神教育。由此可以看出，高校思想政治理论课的内容，完全与社会主义精神文明建设的任务和内容相协调。

（三）思想政治理论课与社会主义精神文明建设的重点相吻合

社会主义精神文明建设的根本任务是培养有理想、有道德、有文化、有纪律的社会主义公民，提高整个中华民族的思想道德素质和科学文化素质。其对象是全体公民，但重点是青少年。这是因为，青少年一代是民族的希望、国家的未来。他们的思想道德素质如何，直接关系到中华民族的整体素质，关系到国家兴亡的前途和命运。面对国际国内形势的深刻变化，面对新的历史任务，面对中华民族的伟大复兴，需要我们一代代的不懈努力，培养和造就千千万万具有高尚思想品质和良好道德修养的合格建设者和接班人。为此，要帮助青少年树立远大理想，培育优良品德。各级各类学校都要全面贯彻党的教育方针，坚持社会主义办学方向，加强德育工作，努力培养德智体等方面全面发展的社会主义建设者和接班人。另一方面，青少年时期是一个特定的人生阶段。他们的身心发育、思想品德和价值观念正处于形成发展的过程之中，具有较大的可塑性，是进行思想道德建设的最佳时期。引导和帮助他们树立崇高的理想信念和正确的世界观、人生观、价值观，对于他们今后的健康成长有着积极、明显的促进作用。与此同时，随着我国改革开放的不断深入和科学技术的迅速发展，国际敌对势力与我国争夺下一代的斗争更加尖锐复杂，西方文化思潮、价值观念及某些腐朽没落的生活方式对青少年学生的影响和冲击不可低估，社会上一些不良因素不可避免地反映到青少年思想道德建设领域，危害着青少年的身心健康。在这种情况下，加强青少年思想道德建设就显得更加重要和紧迫。而思想政治理论课正是以青年学生为教育对象，以培养"四有"新人为根本目标，把大学生思想道德建设作为一项重大的战略任务和神圣使命。

第三节　高校思想政治理论课的任务

中国特色社会主义进入新时代，党和国家高度重视高校思想政治理论课建设，特别是习近平总书记在学校思想政治理论课教师座谈会上的讲话，对新时代高校思想政治理论课（以下简称"思想政治理论课"）提出了明确的任务和要求。科学分析新时代对高校思想政治理论课提出的新要求，进一步明确新时代高校思想政治理论课的新任务，对于营造全党全社会办好思想政治理论课、教师讲好思想政治理论课、学生学好思想政治理论课的良好局面具有重要的现实意义。新时代高校思想政治理论课承担着以下三方面重要任务。

一、用习近平新时代中国特色社会主义思想铸魂育人

习近平新时代中国特色社会主义思想无疑是马克思主义中国化最新的理论成果，是统领新时代中国特色社会主义的旗帜、纲领和灵魂。因此，新时代高校思想政治理论课的首要任务就是用习近平新时代中国特色社会主义思想铸魂育人，推动习近平新时代中国特色社会主义思想"进教材、进课堂、进头脑"，引导广大青年大学生学懂、弄通、做实。

用习近平新时代中国特色社会主义思想铸魂育人，学懂是前提。一要原原本本地学。坚持阅读原著、研读原文、悟透原理，字斟句酌、精读细研、学深悟透习近平新时代中国特色社会主义思想的原著原文，深刻领会其丰富内涵、精神实质和科学体系，做到入脑入心。二要认认真真地学。学习领会掌握习近平新时代中国特色社会主义思想必须持之以恒、久久为功，不走过场、不搞形式主义。三要踏踏实实地学。要引导大学生贴近实际，贴近生活，增强学习的针对性和实效性，使大学生在学校"天天见"习近平新时代中国特色社会主义思想且"天天新""天天深"。

用习近平新时代中国特色社会主义思想铸魂育人，弄通是重点。一是实现理论融通。习近平新时代中国特色社会主义思想博大精深，涉及经济、政治、文化、社会、生态文明建设等不同方面，构成了一个逻辑严密的理论体系。无论是"八个明确"还是"十四个坚持"的基本方略，彼此相互联系、有机统一，体现了马克思主义普遍联系和永恒发展的辩证法观点。因此，新时代高校思想政治理论课要真正把学习新思想同学习马克思主义基本原理结合起来，深刻理解贯穿其中的马克思主义的立场观点方法，切实做到举一反三、融会贯通。二是与实践贯通。高校思想政治理论课要引导大学生深刻领会建设中国特色社会主义的新矛盾、新使命、新方略，深刻领会新思想形成的理论逻辑、历史逻辑和实践逻辑，引导大学生自觉树立"四个意识"，不断增强"四个自信"，培育大学生对习近平新时代中国特色社会主义思想的政治认同、理论认同和情感认同。

用习近平新时代中国特色社会主义思想铸魂育人，做实是关键。就是要理论联系实践，引导大学生树立爱国情怀，将爱国情、强国志、报国行自觉投入到中国特色社会主义伟大事业中去。一是与中国特色社会主义伟大实践结合起来。高校思想政治理论课要结合中国特色社会主义伟大实践拿出具体的实施方案狠抓落实。坚持联系实际学，坚持问题意识.问题导向，努力做到学而信、学而思、学而行，推进习近平新时代中国特色社会主义思想深入人心，变成精神力量.变成实际行动。二是与大学生自身成长成才结合起来。高校思想政治理论课要结合大学生日常的学习、工作和生活实际，引导广大学生树立远大的理想信念、弘扬中国精神、践行社会主义核心价值观，自觉遵守社会公德、弘扬家庭美德、锤炼个人品德，维护社会公平正义，以实际行动彰显新时代大学生的青春风采。

二、落实好立德树人根本任务

立德树人是新时代高校思想政治理论课的根本任务和使命担当。要在课堂教学、实践教学、文化育人上下功夫，写好立德树人新篇章。

（一）用好课堂教学主渠道

新时代高校思想政治理论课要落实"立德树人"的根本任务，就必须充分挖掘课堂教学这个"主渠道"的作用，坚持主导性和主体性相统一。一是以教师为主导，充分发挥教师的积极性、主动性和创造性。高校思想政治理论课教学质量的高低关键在教师。教师要按照习近平总书记提出的"六点要求"，即，政治要强、人格要正、情怀要深、思维要新、视野要广、自律要严、不断提升自己。引导他们真正做到学高为师，身正为范。让广大教师回归课堂，敬畏课堂，站稳、站直、站好育人讲台，全身心地投入课堂教学，认认真真地上好每一堂课。争做大学生的"思想领航员"和"理论指导者"。二是以学生为中心，充分发挥大学生主体性作用。高校思想政治工作从根本上说是做人的工作，必须紧紧围绕学生、关照学生、服务学生。因此，高校思想政治理论课要根据大学生成长成才的规律和教书育人规律，充分发挥大学生的主体作用，围绕大学生来组织课堂教学活动。应基于四个"正确认识"创新学生喜闻乐见、易于接受的教学方法，围绕学生展开课堂教学，增强高校思想政治理论课的亲和力和感染力，使课堂教学"活起来"，不断提升高校思想政治理论课的教学质量。

（二）强化实践教学的育人作用

当前，社会实践是落实立德树人中较为薄弱的一个环节。因此，我们在高校思想政治理论课教学中要充分发挥实践教学的作用，坚持理论性和实践性相统一，服务立德树人。高校思想政治理论课实践教学是一个立体多元系统工程，要推进实践育人教学改革，充分发挥实践教学的育人作用。一方面，要积极整合校内各部门各院系各门课的实践教学资源。以人才培养方案改革为抓手，系统规划实践育人的总体方案和思想政治理论课四门课程的具体实施方案，改革学校管理体制，实现校内各职能部门和二级学院协同合作，构建有效的运行机制，共同推动实践育人工作持续而有效地进行。另一方面，要努力整合校内外各类实践教学资源，形成合力。以"互联网＋"为推手，构建学校、社会和家庭三方协同合作，共同推进实践教学的长效育人机制，推动实践教学规范化、制度化。将纪念馆、博物馆、革命旧址、新时代文明实践中心等开辟为高校思想政治理论课实践教学基地，分班分时间段对学生进行现场教育。组织学生开展社会调查、志愿服务、勤工俭学、社会公益、创新创业等社会实践活动。教育引导大学生在实践中树立家国情怀、提高综合素质。显然，实践教学作为课堂教学的拓展和深化，其贯穿始终的主题和主线就是立德树人，它将思政小课堂与社会大课堂结合起来，达到理论与实践有机结合，实现知行合一、立德树人的目的。

（三）推进文化育人

将中华优秀传统文化、革命文化和社会主义先进文化融入高校思想政治理论课，坚持显性教育和隐性教育相统一，开辟文化育人这一重要阵地将有力推动立德树人根本任务的实现。首先，要继承中华优秀传统文化。中华优秀传统文化源远流长、博大精深，形成了富有特色的思想体系和伟大的民族精神。高校思想政治理论课必须扎根中华优秀传统文化，推动中华优秀传统文化的创造性转化和创新性发展，培养大学生的家国情怀、民族认同和文化自信。其次，要弘扬革命文化。革命文化是我们克服一切困难的重要精神支柱。高校思想政治理论课要大力弘扬红船精神、井冈山精神、长征精神、延安精神等革命精神，依托重大纪念日和重点文化基础设施开展革命文化教育，传承红色基因。有利于加强大学生的理想信念教育和党性修养，有利于唤起大学生对中国共产党革命精神的回忆，有利于增强其对中国共产党的认同感。最后，要发展社会主义先进文化。高校思想政治理论课必须立足于社会主义先进文化资源，发挥社会主义核心价值观的引领作用，教育引导大学生深刻领会社会主义核心价值观的重大意义和科学内涵，坚定价值观自信。

加强校园文化建设，创新校园文化品牌，不断提升大学生思想政治素质和道德文化素质，培育中国精神。因此，深入推进文化育人使大学生受到潜移默化的影响，从而达到"润物细无声"的目的。

三、培养担当民族复兴大任的时代新人

青年一代有理想、有本领、有担当，国家就有希望，民族就有未来。青年大学生是伟大祖国的希望和未来，肩负着祖国伟大的历史使命和时代责任。新时代高校思想政治理论课要以培养有远大理想．有过硬本领、有历史担当的时代新人为己任。

（一）培养有远大理想的时代新人

理想能够指引人生方向，提高精神境界。坚定的理想信念为大学生提供奋斗目标和前进动力。因此，新时代高校思想政治理论课要加强理想信念教育，培养有远大理想的时代新人。第一，要明确远大理想和共同理想的关系。共产主义是我们的远大理想，必须坚定共产主义必然胜利的信仰。中国特色社会主义共同理想是实现共产主义远大理想的物质基础和思想准备，是实现共产主义远大理想的必经阶段。因此，大学生要牢固树立远大理想和共同理想并为之奋斗拼搏。第二，要明确中国梦和个人梦的关系。中华民族伟大复兴的中国梦必将在一代代青年的接力奋斗中变成现实。中国梦离不开广大青年个人梦的实现，要引导大学生将个人梦融入中国梦，在为实现中华民族伟大复兴中国梦的奋斗中实现个人梦。第三，要明确远大理想与脚踏实地的关系。没有远大理想，就会迷失前进方向；离开脚踏实地，远大理想就会成为空想。大学生只有保持着远大理想，脚踏实地，艰苦奋斗，才能放飞青春梦想。

（二）培养有过硬本领的时代新人

作为时代新人，不仅要求学习成绩优异，而且应该练就过硬的本领。一要培养崇高的道德品质。高校思想政治理论课要引导大学生养成良好的个人品德，掌握道德修养的正确方法，从身边的小事做起、从现在做起、从我做起，让道德成为一种习惯、让习惯内化成为一种行动，凝聚起向上向善的力量。二要培养渊博的文化知识。要引导大学生把学习作为第一要务，好好学习、天天向上，孜孜不倦地学习马克思主义理论和专业基础知识。增强学习能力，掌握真实本领，学思并重、学以致用，努力成为建设中国特色社会

主义的栋梁之材。三要培养开放的创新精神。创新是新时代的根本要求，创新能力是时代新人必备的核心竞争力。要引导大学生树立改革创新的时代精神，走在创新创造的前列。敢为人先、解放思想、上下求索，去探求未知的领地，勇做改革创新的先锋。

（三）培养有历史担当的时代新人

当代中国青年的使命与担当就是为实现中华民族伟大复兴而拼搏奋斗。新时代高校思想政治理论课要引导大学生正确认识时代责任与历史使命，承担起为国家谋前途.为民族谋复兴、为人民谋幸福的重任。一方面，要培养强烈的责任意识和担当精神。天下兴亡，匹夫有责。要引导大学生胸怀天下，心系祖国，培养爱国精神和家国情怀，自觉投身于中国特色社会主义伟大事业，投身于中华民族的伟大复兴，为国家和民族贡献自己的力量。引导大学生树立强烈的使命感和责任感。自觉把责任意识转化到奉献社会.服务他人的行动中去，从而实现个人的社会价值。另一方面，要引导学生克服佛系心态。当前，在大学生中存在着一种"佛系心态"，即，看淡世间万物、与世无争.不思进取.随波逐流、庸碌无为的消极处世心态。"佛系心态"是当前一部分青年大学生生存处境的真实写照，究其实质则是一些大学生逃避现实压力的一种精神选择。因此，高校思想政治理论课要引导大学生克服佛系心态，直面现实压力，化压力为动力，敢于担当、勤于负责，把使命记在心上，把责任扛在肩上。

第四节 高校思想政治理论课实践教学的类型

对高校思想政治理论课实践教学进行必要的分类，是我们科学把握思想政治理论课实践教学的内在要求，也是思想政治理论课教学工作的现实需要。在这里，我们将思想政治理论课实践教学分为课堂实践教学、校园实践教学和社会实践教学三大类型。

一、课堂实践教学

课堂实践教学主要是指在课堂讲授的基础上，为了深化和巩固学生的认知而形成的一种实践教学模式。这种实践教学模式是以学生自主学习、自我体验、自主实践、自我提高为特征的。学生在自主学习、自我体验、自主实践中，获得思维材料，从而对基本理论进一步理解、深化和运用，培养和提高学生的学习能力、理论思维能力和运用能力。这是思想政治理论课实践教学活动的"第一课堂"。

（一）课堂实践教学的形式

课堂实践教学的形式是多种多样的，主要包括讲座（专题报告）、讨论、演讲、辩论、模拟教学（学生课堂讲课）、案例分析等。但是，这些多样化的实践教学活动形式在课堂教学中的应用程度也是不同的。其中，讨论、辩论、案例分析是课堂实践教学中经常采用的形式。下面对各种课堂实践教学形式进行简要介绍。

1.讲座（专题报告）

讲座（专题报告）主要是针对教学中遇到的重大理论问题，国际国内突出的重大事件、学生普遍关心的热点问题等采取的一种形式。讲座或专题报告是指定期或不定期地邀请一些专家、名人、校友等来学校做讲座或报告或由教师就本课程中所涉及的重大理论和实践问题，做深入研究后再给学生做报告，或组织学生观看与教学内容密切相关的录像影片等。比如，请高年级优秀学生或校友谈适应大学环境，实现社会角色转变的心得体会，请学校知名专家或学者谈如何治学与做人，请地方党政领导和企业家给学生做专题报告，这些都可以收到很好的效果。

2.课堂讨论

课堂讨论是一种经常使用的实践教学方法。它是指围绕某一观点让学生各抒己见，平等、民主地交流探索。这种方式通常是以社会热点问题或学生自身问题为切入点，组织学生进行课堂讨论，适合学生思想活跃、勇于自我展示的特点，能较好地起到相互交流、取长补短的作用，同时也有利于准确把握学生的学习情况和思想动态，及时发现和解决各种问题。在运用课堂讨论的过程中，我们应注意以下几方面的情况：（1）如果学生多时可以先分配小组，后推代表发言；谁先准备好了就说也未尝不可。难题提前布置，容易些的题在老师讲授后随堂讨论。（2）在讨论中，教师是鼓动者，要鼓励学生大胆参与，独立思考，积极发表自己的见解。教师是观察者、调查者，观察发言时学生的各种表现、值得引起注意的观点，必要时要调整学生对问题把握的方向性，使学生的思考交流尽量在同一个层面上进行，以保证思想观点的交锋。教师是引导者，能够抽象出学生的基本观点，并就观点中的独特性、深刻性给予中肯的赞赏，同时对讨论中出现的偏颇及错误认识加以分析，引导学生走出误区，学会全面、客观、历史地看待事物，科学地探索解决问题的方法和途径。还要对学生的观点进行总结，从整体上对学生的讨论交流进行归纳概括。（3）在讨论中，学生会逐渐体验到课堂上的积极参与同样是一个知行统一的过程。通过回答问题、小组讨论，不仅锻炼了自己的思维能力、应变能力、表达能力、交往能力和心理素质，而且还运用自己平时积累的知识来认识问题、分析问题，进而在认知的层次上解决问题。还能学会在欣赏他人肯定他人的同时，理性地看待自己的观点。勇于吸收他人的正确观点和坚持自己的正确观点同样重要。对教师来说，这也是一个检验自己的知识理论水平、修养程度、应变能力、捕捉问题的能力、概括总结能力的过程。通过这样的良性互动形成一个学生积极参与，师生彼此尊重，宽容、民主、互相学习、互相促进的和谐的课堂氛围。

3.课堂演讲

课堂演讲这种实践教学形式，既可以考察学生的思想深度和创新思维，也可以锻炼学生的表达能力。比如，在基础课教学中，可以举办当代大学生的历史使命和成材目标、大学生活该怎样度过等演讲活动，使学生在自我思想情感的表达中获得行为的动力。

4.课堂辩论

课堂辩论也是一种经常使用的实践教学方法。它是指把在社会上存在两种对立观点的某一重大政治事件或社会某一方面的问题形成辩题，将学生分成正反两方进行辩论，以达到了解事实、明辨是非、活化思维、提高运用理论分析问题解决问题的能力的目的。

课堂辩论和课堂讨论的最大区别在于争辩，也就是说，它的辩题要有可辩性。与课堂讨论相比，课堂辩论的组织和实施难度要更大。因此，在运用课堂辩论的过程中，教师应注意下述几方面。

（1）提前动员，布置有关辩论事项，并召开学生干部会议

激发综合素质高和能力强的学生参加主力辩论，其他学生在主力辩论结束后积极自由发言参辩，并要提前确定队员、抽好签，以便队员早做准备，还要向队员介绍辩论程序和规则，以便队员事先心里有数。

（2）选好辩题，准备好辩论资料

要求辩题内容既要为学生所熟悉，又正为学生所惑；既对提高学生的认识有帮助，又能引起学生广泛的兴趣。同时，选取的正辩题与反辩题应具有针对性，否则就缺乏辩论的意义。辩题确定好后，辩手应该认真准备相关资料。如果辩手在辩前未做好充分的准备，就不可能上场发挥好。当然，全班学生和教师也要准备好辩论资料，全班学生在辩论结束后要自由发言；由教师在指导学生辩论和进行辩后总结评述时，应比学生站得高，看得远。

（3）注重辩论技巧的传授

掌握辩论技巧是辩论成功的重要因素。辩论需要更为缜密的思维、科学的逻辑、敏捷的应变、准确恰当的言辞。辩论的技巧主要包括举证的技巧、论证的技巧、质证的技巧、反驳的技巧等。学生掌握了一定的辩论技巧，对于提高辩论能力，增强课堂辩论的效果都是十分有益的。教师在传授辩论技巧时，尤其要引导学生重在理论，防止情绪冲突、人身攻击等语言的出现。

（4）做好辩论总结综述

教师在辩论结束后，对辩论要进行分析、研究、归纳，从而得出指导性结论，引导学生树立正确的思想观念，充分发挥教师的主导作用。总结包含两个方面：①对辩论本身进行总结，充分肯定辩论成绩，同时指出不足，这有利于学生今后提高辩论技巧和水平；②对辩论的主题进行总结综述，提出辩论的主导思想，使学生对争辩的问题进行再认识、再提高，以达成共识。

5. 模拟教学（学生课堂讲课）

模拟教学（学生课堂讲课）是指教师根据学生掌握理论知识的程度，有重点、有选择地安排一些人员，布置一些课程内容，让学生在充分准备之后，在课堂上进行现场讲解。这种方式能够调动学生学习的积极性，锻炼学生的思维能力和口头表达能力。

6. 案例分析

案例分析是教师选择能够反映教材中某一重要原理的事件作为案例，以事件的典型性和真实性为基础，让学生亲历、体验、模拟事物发生、发展的基本过程，感悟和思考一些道理，以各自的视角，从不同的层面，对案例做出判断和决策，培养学生运用知识、解决实际问题的能力的一种教学实践活动。也就是说，它是通过对典型案例的分析、讲解、讨论，引导学生利用所学的理论分析、解决问题，指导实践，实现知行统一。教师可以提出一些典型案例，如，涉及道德两难时的选择、道德与法律的冲突、当前社会典型事例、大学生中有代表性的事例等，进行理论分析、实践引导，帮助学生在实践中进行自我教育。

案例分析也是课堂实践教学中经常使用的一种教学方法。在运用这种实践教学教学方法时，我们应注意把握好以下方面。①教师精心设计教案。思想政治理论课的内容贴近生活，来源于社会，是对现实的反映。各门课程应贴近时代、贴近生活、贴近学生的思想，选择一些新的典型的有借鉴意义的事件或现象，经过加工整理、精心策划作为案例。②仔细地组织案例分析。教师把设计好的案例布置给学生，让学生阅读、理解和思考，认真准备发言稿件，也可以几个人合作，这些工作宜在课前进行。由于准备较为充分，在课堂发言中大部分学生都能表现出色：有的学生追求概念准确、条理清晰；有的学生追求语言幽默、寓教于乐；有的学生追求内容丰富、描写生动；有的学生追求内容精彩、形式新颖等。学生的言语、口才，知识、能力，气质、风格等各种特长得到充分展示和张扬，学习积极性极大提高。③案例分析小结。课堂讨论结束后，学生各自修改和整理发言稿，以书面形式呈交给教师，作为小结案例教学的基本材料和用于评定成绩的重要依据。

（二）课堂实践教学的作用

课堂实践教学能够突出学生的实践，尊重学生的主体地位，发挥学生的主体作用，把学生的主动性、积极性调动起来，使学生的思维活跃起来，让学生通过参与形成互动的局面。在课堂实践教学中，教师既能根据教学内容、学生特点、现有设备等来设计课堂实践教学方案，又能通过鼓励学生发展思维能力，大胆运用各种设备开展教学活动，这种方式调动了学生的积极性，师生共同努力展示实践教学的每一个环节，充分发挥了教师的主导作用，从而能够有效实现"教"的实践性和"学"的实践性的契合。课堂实践教学的显著优势主要表现在：一是与书本理论知识联系最直接，可以更好地实现教学相长；二是教学效果反馈迅速，可以在有限的教学时间和课堂空间里直观了解；三是教学成本较低，利用课堂教学这一平台可以减少人力、物力和财力的支出，而且组织起来也相对容易一些。同时，各种不同类型的实践教学活动有计划地合理安排，既可以在课堂教学中专门展示，也可以在理论教学中穿插进行，使得教学内容丰富多彩、形式多种多样、方法灵活多样，做到教学过程有动有静、有张有弛，让学生在学习理论知识的同时，调整身心、活跃思维、展示自我。

二、校园实践教学

校园实践教学是指学生在课堂之外、校园之内开展的实践活动，属于"第二课堂"教学活动，它"是列入教学计划，教师提出明确要求，学生广泛参与的实践活动"。这种实践教学模式主要是通过丰富多彩、形式多样的第二课堂活动，让学生亲力亲为，进行自我教育，加速学生的良好思想品质和道德情操的形成。

（一）校园实践教学的形式

校园实践教学主要是在校园内开展的，其形式也是丰富多彩的，主要包括课外学习小组、学习竞赛活动、社团活动和校园文化活动。在校园实践教学形式的运用过程中，教师需要精心设计教学方案，充分准备教学内容，恰当选择教学地点，以活动的形式恰当地引入教学。

1.课外学习小组

课外学习小组是指思想政治理论课教师指导或参与成立的大学生各种政治理论学习小组。如，新时代中国特色社会主义思想研究会，党章学习小组，心理学学习小组，伦理学学习小组，等等，能使学生的理论学习更加广泛，思想上尽快成熟，品德修养上尽快提高。

2.学习竞赛活动

学习竞赛活动作为课堂教学的有效补充，它能极大地调动学生自主学习的积极性，可以结合教学内容组织各类知识竞赛及学习论文评选活动，引导大学生结合实际深入学习和钻研理论。

3.社团活动

社团活动是学生依据兴趣爱好自愿组成，按照章程自主开展活动的学生组织，它是对学生实施素质教育的重要途径和有效方式。其中，由教师引导学生开展多种多样的社团活动是其基本和重要的形式。它在加强校园文化建设，提升学生综合素质，引导学生适应社会，促进学生成才就业等方面有重要作用，是新形势下有效凝聚学生开展思想政治教育的重要组织动员方式，是以班级、年级为主开展思想政治教育的重要表现补充。要把学生社团活动作为贯彻党的教育方针，推进素质教育的重要组成部分，积极鼓励和组织学生参加社团活动，把学生参加社团活动的情况纳入学生综合测评体系之中。

在运用社团活动这种实践教学方式的过程中，我们应注意以下方面：①制订社团活动计划。教师应根据教学需要、学生的特点以及实际情况，积极引导社团制订出科学合理的活动计划。②编排社团活动内容。根据活动计划，确定相应的活动内容。要加强思想政治理论课对各社团的指导作用，在教师指导下，社团的活动内容在规划和设计上应尽量与思想政治理论课教学内容挂钩，与学会如何做人联系，与素质教育衔接。③选择社团活动形式。高校内的学生社团一般可分为理论类、文化类、科技学术类、文学艺术类、体育类等几大类型。其中，理论社团的形式也是最多种多样的，比如，各时期党的指导思想研究会等。教师应依据学生所选择的社团活动内容指导学生选择恰当的理论社团形式。④开展社团活动，进行交流。在社团活动中，充分调动学生的积极性，鼓励他们各抒己见，形成平等交流、互相学习、共同提高的良好氛围。

4. 校园文化

高等学校的校园文化是社会主义先进文化的重要组成部分。积极开展校园文化活动，把德育与智育、体育、美育有机结合起来，寓教育于文化活动之中，对于促进大学生的思想道德素质、科学文化素质和健康素质的协调发展有着重要作用。可以精心设计和组织开展内容丰富、形式新颖、吸引力强的思想政治、学术科技、文娱体育等校园文化活动，使学生在参与中受到潜移默化的影响，思想感情得到熏陶，精神生活得到充实，道德境界得到升华。

（二）校园实践教学的作用

校园实践教学是联结课堂实践教学和社会实践教学的中间环节，是高校思想政治理论课实践教学的重要途径。它以学生的兴趣爱好为基础，以学生的课外时间为条件，以校园环境为背景，是在教师有目的、有计划的指导之下开展的实践活动。校园是思想政治理论课教育培养全面发展的人才的实验场所，能够使学生所学理论知识与自身实践在更为广阔的空间层面实现有机的结合。通过校园实践教学方式积极开展校园实践活动，真正做到将课堂的优势与学生的特点有效地融合在一起，从而达到培养学生的学习兴趣，挖掘学生的潜力，提高学生的综合素质，实现知识应用与知识创新的教学目的。

同时，学生在实践教学活动中通过相互学习而养成的良好思想道德素质以及优良学风，为他们将来走向社会，较快地适应社会奠定了良好的基础。

三、社会实践教学

社会实践教学是教师根据国家培养目标的要求，设计一些有现实意义的课题，让学生根据自己的知识结构、认知程度和兴趣程度选题，或带着自己关心的问题借助适当的方法走进社会，参与到生产实践活动中直接体验、引起思考、深化认识、寻求答案的一种实践教学方式。这是思想政治理论课实践教学活动的"第三课堂"。社会实践教学主要是在校外进行的，是在紧密结合我国社会热点问题和当地经济社会发展实际，充分利用社会生活中许多有益的教育资源和大学生所在地经济社会发展的基础上进行的实践教学活动。

（一）社会实践教学的形式

社会实践教学模式主要包括学期内组织学生进行的一系列参观、调研活动和课外学生活动实践的方式（学生社团开展社区服务和实践活动）和以大学生寒、暑期社会实践活动为依托的社会调查、生产劳动、志愿服务等实践活动。其中，利用实践教学基地进行社会调查是学期内按照教学计划进行的一种常用的教学模式，假期社会调查是寒、暑期中经常采用的一种实践教学模式。

1.利用实践教学基地进行社会调查

这是社会实践教学的一种常见形式。在新时期，我国现代化建设呈现出蓬勃发展、日新月异的大好局面，这给社会实践教学提供了良好的机遇。其中，爱国主义教育基地、博物馆、纪念馆、社会主义新农村、文化展览等社会资源，都可以作为大学生思想政治教育的实践教学基地。有计划地组织大学生利用实践教学基地进行社会调查，有利于大学生走进社会、了解社会了解国情，增强社会责任感和历史使命感。利用实践教学基地进行社会调查，应事先安排好进行社会调查的时间，采取选出学生代表或分期分批进行等形式。其组织和实施的具体环节如下。

（1）动员和准备阶段

实践教学开展前要做好动员和准备工作。①根据思想政治理论课具体课程的教学内容和特点以及实践教学资源和学生关注的热点问题确立多个实践教学的主题，供学生选择。这是因为，即使一个教学基地，也可能会包含不同的资源，而且每个专业的学生和每个学生的知识背景、观察问题的角度不同，所以要确定多个实践课题，比如，对于农村实践教学基地可调查的内容包括：农村经济发展的模式；农村基层民主政治建设；村民生活状况；村风村貌；等等。②召开实践教学动员大会。明确开展实践教学的意义，介绍社会调查的方法，对学生提出明确的要求，要求的内容包括学生应在实践活动前搜集相关资料，制订自己的实践计划，实践活动中注意调研方法的选择，保护自身安全，实现实践目的，结束后撰写实践报告。③应明确对教师的要求，要求包括根据实践主题制订教学计划、教学目标、内容安排、经费预算、后勤准备、学生分组、对学生的纪律要求，以及学生成绩考核标准，学习的相关理论，对学生要负的责任和提供的指导，对社会实践基地的开拓和预先考察，与基地相关领导干部的沟通协调。

（2）组织实施阶段

利用实践教学基地进行社会调查由相关指导老师带领实践小分队前往实践教学基地，按照已经安排好的教学计划进行相关的调查研究。在实施的过程中，要坚持集中与分散相结合，理论与实践相结合，教师主导与学生自主相结合，在实践教学中及时发现问题，解决问题。

（3）总结评估交流阶段

利用实践教学基地进行社会调查是一个短暂的教育过程，要达到长期、延续的育人效果，还必须做好总结、宣传工作，以便更广泛、长期地影响教育学生。为避免学生"看了激动、听了感动、回来不动"的现象，教师应及时组织学生进行交流，反思得失和经验教训，把感性认识上升到理性认识，撰写社会实践报告，提高利用理论分析解决现实问题的能力。对学生的社会实践总结、调查报告，教师必须根据已有的评估标准和奖惩制度，及时认真考核，做出评价，给出成绩。对合格者给予规定学分，对成绩突出者给予专门的表彰和奖励，激发更多的大学生自觉认真地投入到社会实践的广阔天地中去，对不合格者则要求在下一年重新参加社会实践。

在活动结束后，教师组织学生撰写社会调查报告，可以采取主题班会演讲、板报等形式，以班为单位进行交流汇报，评出优秀调查报告、优秀个人、先进集体、活动积极分子，并分别对其进行表彰。教师根据学生的调查报告、思想收获和学生在实践教学中的表现给出相应的成绩，并上交教务处纳入学生学籍管理档案。教师还应分析本次实践教学的成功之处和不足之处以及今后的努力方向。

2. 假期社会调查

假期社会调查是学生在校外（主要是返乡）利用假期开展的社会实践活动。这种实践教学模式可利用的时间充裕灵活，实践资源丰富，成本相对较低，具有很强的可行性，是社会实践具有普遍性和代表性的主要方式。

这种实践教学活动可以采取集中和分散两种方式。集中方式是任课教师选出学生代表（如离家远）到选定的地方，按照提前拟定的课题在教师的指导下统一进行。分散的形式既可以采取独自调查的方式，也可以采取结成课题组的方式进行。课题组的组成是学生按照自愿的原则根据选定的课题由同乡（适合于对一个地方进行调查的综合性课题）或由同班或同专业的（适合于对某一问题进行调查的课题）学生组成。假期社会调查组织和实施的具体过程如下。

（1）准备动员阶段

这种方式主要由学生独立进行，教师不便直接进行组织、指导和监督，因而对学生的积极性、主动性和自觉性要求高。教师可以通过讲座的方式澄清学生思想上的混乱认识，让学生充分认识到社会实践的必要性，明确社会实践的目的和宗旨，激发学生参与的热情与自觉性，让学生在思想上和心理上做有益的准备，以确保社会实践的可持续性和实效性。

（2）技术培训阶段

事实上，许多学生的社会实践愿望十分迫切，对如何确定调查题目和调查提纲，如何进行社会调查等方面，缺乏经验，不知如何下手。因此，教师在此阶段的主要任务是进行技术性指导，明确具体要求，提高实践技能。其重点在以下几个方面：如何选题，如何设计与规划方案，如何实施调查计划，如何收集分析材料和撰写调查报告等。特别是教师在这一阶段要对学生调查题目的确定、调查提纲的拟定进行审查和指导，对于不适合或不合格的题目和提纲要求学生重新选题、重新拟定。这个阶段的工作最好在期中进行，如果临近期末考试，学生就没有太多的时间和精力做准备

（3）组织实施阶段

这种方式主要由学生独立进行，在实施的过程中教师很难直接具体地组织、指导和监督。为了保证假期社会调查的真实有效，在学生放假之前，教师要统计每名学生的居住地、家庭住址、联系方式等信息，以便在假期中与学生取得联系，检查活动的情况。在有条件的学校可以派出教师到学生所在地指导学生调查。

（4）后期总结阶段

学生在假期完成个人总结，撰写社会调查报告，填写《参加社会实践活动登记表》，写社会实践活动日记。开学初，学生上交暑期参加社会实践活动的日记、登记表和调查报告、论文等。社科系（部）教师对学生进行考核，评定成绩，并交由教务处纳入学生学籍管理档案；同时，还要进行总结，评出优秀调查报告、优秀论文、先进个人、活动积极分子，并分别对其进行表彰奖励，把评出的优秀调查报告和论文推荐到有关期刊发表。

（5）总结交流阶段

可以通过组织以学生为主的系列讲座和鼓励、指导学生自办刊物的形式进行。在总结评价基础上，教师应根据学生假期社会调查情况，根据教学的需要选定几个主题，组织学生以系列讲座的形式开展交流、宣传、推广。这样既可以扩大思想政治理论课实践教学的影响，使思想政治理论课实践教学能够持续有效地开展，对学生也是一个很好的锻炼。其实这本身就是实践教学一项重要的内容。开展交流活动也能够使学生认识到思想政治理论课实践教学不是走过场，不是仅仅通过调查、写出调查报告就行，从而认识到实践教学的重要性。这样做也能激励学生更好地进行假期实践活动。同时，鼓励、指导学生自办刊物，把优秀学生的社会调查报告和社会实践经验介绍或交流向这些刊物推荐刊出，极大地鼓舞了学生参加社会实践活动的积极性，教师在指导刊物中也能更准确地掌握学生的思想状况，从而引起思考，在课堂教学中更有针对性地施教。

（二）社会实践教学的作用

社会实践教学是对大学生进行思想政治教育的重要环节，是课堂教学的重要组成部分和巩固理论教学成果的重要环节，是对课堂实践教学、校园实践教学的继续和延伸。这种实践教学模式的时间、地点比较灵活，有利于大多数学生参与其中。组织学生在社会大课堂这个新环境里，在众多陌生人中，在许多不确定和未知的条件下进行实践教学活动，可以让学生参与实际教学的过程，使其深刻体会蕴含在各门课程中反映人类文明成果，弘扬民族精神，表现思想道德情操，体现科学精神，揭示事物本质规律的内容，培养学生的创新精神和实践能力，提高学生的科学素养和培养学生的奉献精神。

第二章 高校思想政治理论课的教学体系

第一节 高校思想政治理论课的教学内容

高校思想政治理论课的教学内容，是指思想政治理论课教学过程中，师生发生交互作用、服务于教学目的达成的动态生成的素材及信息。科学完善、结构合理的教学内容，是思想政治理论课教学顺利实施并取得良好教学效果的基本保证。考察我国高校思想政治理论课教学内容的演变历程，总结思想政治理论课教学内容的基本特点与发展规律，并在此基础上提出优化思想政治理论课教学内容的原则与路径，不仅是新的历史条件下高校思想政治理论课课程建设与完善的重要环节，也是进一步增强思想政治理论课针对性、实效性的重要举措。

一、高校思想政治理论课教学内容的特点

从高校思想政治理论课教学内容的发展演变，以及思想政治理论课自身的性质、特点来看，我国高校思想政治理论课的教学内容具有理论的创新性、结构的合理性、功能的互补性以及相对的稳定性等显著特征。

（一）思想政治理论课教学内容具有理论创新性

对大学生开展系统的马克思主义理论教育，是高校思想政治理论课的基本内容和主要任务。由高校思想政治理论课教学内容的演进历程不难看出，长期以来，中国共产党始终坚持马克思主义理论在高校思想政治理论课教育教学中的指导地位，多次强调，旗帜鲜明地开展马克思主义理论教育是社会主义教育区别于资本主义教育的本质，并将马克思主义理论教育"看作是加强学生思想工作的核心"。但是，高校思想政治理论课坚持以马克思主义为指导，并非照搬照抄马克思主义的条条框框，而是以其作为分析问题和

解决问题的根本立场与方法，认真研究不同时代背景下大学生思想政治教育的新情况，切实解决高校思想政治理论课教育教学中出现的各种新问题。随着中国社会的快速发展，中国共产党不断将马克思主义与中国改革、建设的实际相结合，形成了一系列中国特色社会主义的最新理论成果，不断丰富着高校思想政治理论课的内容体系。社会主义核心价值体系作为中国特色社会主义理论体系在价值观方面的展开，极大地丰富了中国特色社会主义理论体系。这些马克思主义中国化的最新理论成果，创新发展了高校思想政治理论课的内容体系，为新时期高校思想政治理论课教育教学提供了明确的思想引领和强有力的理论支撑。坚持马克思主义理论创新，运用中国特色社会主义最新的理论成果，不断推进思想政治理论课内容创新，是高校思想政治理论课教学内容的显著特点之一。

（二）思想政治理论课教学内容具有结构合理性

高校思想政治理论课教育教学是一项复杂的系统工程，只有建立起完整、系统的教学内容结构体系，才能实现将大学生培养成德、智、体、美全面发展的社会主义合格建设者和可靠接班人的目标。一般认为，高校思想政治政治理论课应至少包括思想教育、政治教育、道德教育、心理教育四个方面的基本内容，其中，思想教育是先导，政治教育是核心，道德教育是重点，心理教育是基础。另外，还应该包括法治纪律方面的教育内容。中华人民共和国成立之初，我国高校思想政治理论课的教学内容明显偏重于政治教育和思想教育，这种状况一直持续到20世纪80年代中期高校思想政治理论课"85方案"出台才得以改变。通过开设"法律基础""大学生思想修养""人生哲理""职业道德"等一系列课程，加强了对大学生的思想品德教育，构成了高校思想政治理论课政治教育与思想品德教育并重的基本框架，使得高校思想政治理论课的教学内容基本涵盖了思想教育、政治教育、道德教育、心理教育和法治教育等主要方面，开始构建起兼具科学性与系统性的内容结构体系。其中，政治教育解决的是立场、方向和道路问题，思想教育为大学生认识世界和改造世界提供根本的思想方法和强大的思想武器，道德教育对大学生优秀的政治品质、思想素养、法纪意识和心理品质的形成与发展发挥着引领和提升的作用，而法纪教育与心理教育则为大学生的全面发展提供坚实的保障。由此可见，教学内容结构的合理性，是高校思想政治理论课教学内容的又一特点，它是我国高校思想政治理论课教育教学长期发展完善的结果，也是新时期培养全面发展社会主义建设人才的必然要求。

（三）思想政治理论课教学内容具有功能互补性

高校思想政治理论课不仅具有内容结构的合理性，在其教育功能上，也表现为明显的互补性与完整性特征。自高校思想政治理论课"98方案"实施以来，思想政治教育课程就与马克思主义理论课程并称为"两课"，共同作为高校思想政治教育（德育）的主渠道和主阵地。这样，高校思想政治理论课就形成了马克思主义理论教育与思想品德教育两大体系，在课程内容上相互补充，共同完善。两大课程体系具有不同的教育功能，在促进大学生成为德、智、体、美全面发展的社会主义合格建设者与可靠接班人方面发挥着不同的作用。具体看来，马克思主义理论课程内容可以细化为两个层次，一是马克思主义基本原理及其各组成部分；二是马克思主义中国化的两次历史性飞跃形成的理论成果。尤其目前施行的思想政治理论课"05方案"，集中体现了马克思主义基本理论及其在中国的发展，使学生对马克思主义基本原理及其在中国发展的历史进程及其理论成果有了较为全面的认识和理解。而从思想品德课程的具体内容来看，主要讲授共产主义思想道德、马克思主义人生观价值观、社会主义民主与法制观念等内容，囊括了学生普遍关心的形势、政策、人生、理想、道德、民主、法制、纪律等现实问题，具有很强的针对性和实践性，很好地弥补了此前对学生思想道德教育与法制观念教育不足的局限。思想品德类课程从无到有，从一门发展到多门，成为内容完备的课程体系，体现了党和国家对大学生道德品质教育的重视，也使得高校思想政治理论课的内容结构更加完善，教育功能更加完整和互补。

（四）思想政治理论课教学内容具有相对稳定性

高校思想政治理论课是体现社会主义意识形态主导性的课程，它必须以集中的形式，通过系统的理论教学方式进行。只要我国的社会主义社会性质没有发生改变，高校思想政治理论课的内容就不应发生很大变化，这就是思想政治理论课教学内容的稳定性特征。尽管我国高校思想政治理论课的名称、内容几经重大变化，但其实质内容始终保持稳定，基本上包括三个部分：一是马克思主义基本原理。即传统意义上的马克思主义哲学、政治经济学及科学社会主义理论的基本原理。二是中国化的马克思主义理论与实践创新，即马克思主义理论与中国实际相结合的理论与实践成果。实践创新成果在思想政治理论课教学中表现为"中国革命史""中共党史""中国社会主义建设""中国近现代史纲要"等课程的设置。三是人的全面发展理论，体现为一系列思想品德课程的设置。包括"共产主义思想品德"和"人生哲理""思想道德修养""法律基础""思想道德修养与法律基础"，等等。由此可见，高校思想政治理论课的教学内容尽管经历了一个发展演变的过程，但在课程内容上始终以这三方面为核心和基础，保持着较好的连续性和稳定性。但是，高校思想政治理论课内容体系的稳定性是相对的，因为马克思主义本身就是一个开放的体系，它必须根据时代的发展注入新的内涵，这种与时俱进的理论品质，就决定了高校思想政治理论课也必须随着社会形势和大学生思想发展变化的实际而不断更新、丰富和完善，在不同的历史条件下，保证其教学内容的发展性、时代性和针对性。

二、高校思想政治理论课教学内容的优化

高校思想政治理论课是对大学生进行思想政治教育的主渠道和主阵地，担负着教化人、培养人、塑造人的重大历史责任和任务。针对当前大学生的思想实际和思想政治理论课的教育教学状况，进一步优化思想政治理论课的教学内容，使之更好地适应我国当前社会发展对人才的基本需求，以及保证与提升思想政治理论课的教育教学效果，具有重要意义。

（一）思想政治理论课教学内容优化的必要性

高校思想政治理论课的教学内容是思想政治理论课教育教学各个环节中最重要的组成部分，是思想政治理论课教师向学生施加影响、达成教学目标的主要依据。不断优化思想政治理论课的教学内容，对于提升思想政治理论课教育教学的针对性与吸引力至关重要。目前，高校思想政治理论课教学内容主要存在以下缺点与不足。

1. 教学内容缺乏时代性

尽管多年来高校思想政治理论课的教学内容一直坚持与时俱进，不断将马克思主义中国化的最新理论成果运用于思想政治理论课教育教学中，持续推动着思想政治理论课教学内容的发展与完善。但是，在经济全球化、信息技术迅猛发展的新形势下，高校思想政治理论课的教学内容依然呈现出一定程度的滞后性。这种滞后性体现在滞后于经济与社会发展的速度，滞后于最新的理论成果，滞后于学生的思想状态和现实困惑。教学内容的滞后性使得思想政治理论课教学在一定程度上脱离了时代主题，甚至使教育教学显得空洞与陈旧，不仅使思想政治理论课失去了针对性与吸引力，也不可能从根本上解决新时期大学生面临的政治信仰与思想认识问题，严重影响着思想政治理论课教学目标的实现。

2. 教学内容缺乏综合性

高校思想政治理论课特殊的课程性质决定了它的教学内容必然具有极强的思想性与政治性。但在注重思想教育、政治教育的同时，思想政治理论课也承担着培养德、智、体、美全面发展的社会主义合格建设者与可靠接班人的重任，这就决定了思想政治理论课不仅要发挥政治教育的功能，还要促进大学生人格素养的全面发展。目前我国高校思想政治理论课的教学内容普遍呈现出强烈的政治教育色彩，而对于大学生的人文素养教育等方面明显不足，未能将大学生的思想政治教育渗透于哲学社会科学的各个学科，课程内容缺乏人文综合性，不但降低了思想政治理论课本身的趣味性和可接受度，而且也不利于大学生自身综合素质的全面发展与提升。

3. 教学内容远离学生实际

以学生为本是思想政治理论课倡导的重要教学理念，也是党和国家多次强调的重要教学原则。习近平总书记在全国高校思想政治工作会议上就曾指出，思想政治工作从根本上说是做人的工作，必须围绕学生、关照学生、服务学生，不断提高学生思想水平、政治觉悟、道德品质、文化素养，让学生成为德才兼备、全面发展的人才。但是，由于种种原因，目前高校思想政治理论课的教学内容还存在着远离学生思想实际、远离学生生活实际、远离学生学习实际、远离学生心理实际等现象，与党和国家贴近实际、贴近生活、贴近学生的教育要求存在一定距离，不仅不利于思想政治理论课教学实效性的提升，也直接影响着大学生的全面发展与成长、成才。

4. 教学内容具有重复性

长期以来，高校思想政治理论课教学内容的重复性问题一直挥之不去。这种重复性体现在以下两方面：一是与中学政治、历史课部分重复；二是思想政治理论课各门课程之间的内部重复。高校思想政治理论课与中学阶段的思想政治课程的确存在着对应关系，但是，高校思想政治理论课与中学思想政治课应该是阶段性提升的关系，是对不同阶段的青少年进行具有针对性和层次性的思想政治教育，在教学目标上应当有所提高，在教学内容上应当有所拓展和丰富。但目前高校思想政治理论课的教学内容与中学阶段的思想政治课存在着诸多简单重复之处，教育教学的广度和深度不足，容易使学生产生炒冷饭之感，严重影响着对课程的学习兴趣。同时，高校思想政治理论课四门课程之间也存在重复的问题，例如，"中国近现代史纲要"与"毛泽东思想和中国特色社会主义理论体系概论"之间就存在着大量重复之处，如何处理这些相同或相似的教学内容，成为课程与教师需要协调解决的重要问题，也影响着学生的学习状态与学习的积极性、主动性。

（二）思想政治理论课教学内容优化的基本原则

优化思想政治理论课的教学内容，必须遵循一定的原则与要求。具体包括：时代性原则、综合性原则、贴近性原则、结构性原则等。

1. 时代性原则

理论联系实际是高校思想政治理论课教育教学的根本原则。它要求高校思想政治理论课不仅要贴近学生生活、学习的实际，更要贴近社会发展的实际。体现在思想政治理论课教学内容上，就是思想政治理论课教育教学强烈的时代感。思想政治理论课教学内容优化的时代性原则，就是思想政治理论课必须准确把握时代发展的脉搏，及时跟上时代发展的步伐，符合学生的全面发展与时代进步的要求，使思想政治理论课不断进发出具有时代色彩的生机与活力，使其真正成为大学生真心喜爱、终身受益的充满吸引力与实效性的课程体系。

2. 综合性原则

高校思想政治理论课的教学目的是要实现大学生的全面发展。体现在教学内容上，就是要坚持思想政治理论课德、智、体、美综合教育教学。一方面，四门思想政治理论课主干课程的教学内容要坚持综合性原则，建立完备的政治教育、思想道德教育的内容体系；另一方面，也要看到高校一般哲学社会科学类课程以及自然科学类课程对于培养大学生的人文素养、科学精神等方面的重要意义。这些课程也应被纳入到高校意识形态教育的范畴，成为高校思想政治理论课教学内容的重要组成部分，构建促进大学生全面发展立体的高校思想政治理论课教育教学内容体系。

3.贴近性原则

贴近学生的实际需要是优化高校思想政治理论课教学内容的关键所在。党和国家多次强调，高校思想政治理论课要贴近学生、贴近实际，要围绕大学生的思想实际和生活实际展开，要全面了解时代和环境对大学生的学习、生活、就业、心理等方面的影响，从大学生普遍关心的热点、难点问题入手，真正起到帮助大学生解决自身存在的问题、解答内心存在的思想困惑，提高认识社会、适应社会的能力和思想政治道德水平的作用，这是高校思想政治理论课教学的根本目的所在，也是思想政治理论课教学内容优化的重要原则之一。

4.结构性原则

高校思想政治理论课教学内容优化的结构性原则是针对教学内容的重复性问题而具体提出的。这种结构性原则与重复性问题相对，主要体现在两个方面：一是针对思想政治理论课四门主干课程之间的内容重复，进行结构性调整。二是针对中学政治课与大学思想政治理论课之间的有效衔接进行结构性优化，一方面强化中学政治课教学内容的基础性意义；另一方面深化和拓展高校思想政治理论课教学内容的层次与空间，以及在进一步提升大学生价值观培养和认识问题、解决问题能力等方面的作用。

（三）思想政治理论课教学内容优化的主要路径

针对当前高校思想政治理论课教学内容存在的主要问题与不足，遵循思想政治理论课教学内容优化的基本原则，高校思想政治理论课教学内容的优化，要从坚持马克思主义与时俱进的理论品质，坚持关注社会时事和热点问题，不断创新教育教学形式，不断联系学生实际，以及树立强烈的衔接意识等方面入手。

1.以理论研究的前沿动态和最新成果提升教学内容的时代感

马克思主义具有与时俱进的理论品质，优化高校思想政治理论课教学内容，必须不断吸收马克思主义中国化的最新理论成果。马克思主义基本理论尤其是其中国化的最新成果，是帮助大学生准确把握国际局势和人类社会的发展总趋势，更清楚地了解国家发展的大局和中国特色社会主义建设规律的理论武器，思想政治理论课教学内容的优化，首先就要坚持马克思主义中国化的最新理论成果进教材、进课堂、进学生头脑，把理论研究的最新成果运用于教学内容之中，加深学生对马克思主义及其中国化成果的全面理解，准确把握中国特色社会主义理论体系。这不仅是增强思想政治理论课教学内容时代感的需要，也是引导学生运用马克思主义立场、观点、方法理解和认识现实社会的必然要求。

2. 以社会时事和热点问题增强教学内容的现实性

高校思想政治理论课教学的最终目的是引导和帮助大学生学会运用马克思主义的立场、观点、方法去分析和认识问题，因此，优化高校思想政治理论课教学内容，必须注意将马克思主义基本理论与社会现实联系起来，尤其将新近发生的国内外重大事件和热点问题与思想政治理论课相关教学内容有机联系。一方面，将社会时事和热点问题大胆而巧妙地引入课堂，能够激发学生的学习兴趣和探究欲望；同时，结合热点时事分析、说明知识原理，能够增强原理的说服力和提高学生认识问题的能力，体现思想政治理论课"理论联系实际"的教学原则和要求。另一方面，将国际、国内的时政热点融入思想政治理论课教学内容，能够拓展思想政治理论课教学内容的空间，凸显思想政治理论课教育教学的广度、深度和热度，提升思想政治理论课教学内容的延展性与现实性，拓宽大学生的思想维度以及政治视野、知识视野、理论视野。

3. 以"课程思政"的创新形式提升教学内容的综合性

提升思想政治理论课教学内容的综合性，是加强高校素质教育，促进大学生全面发展的必然要求。目前，上海等部分高校已开始探索通过"课程思政"的创新形式，实现思想政治理论课教学内容综合性的提升，并取得了良好效果。"课程思政"的基本内涵是：在坚持传统思想政治理论课程为核心的同时，基于各个高校的办学特色，通过教育内容和模式的改革和创新，拓展思政教育的渠道，将思政教育渗透入其他形式的课程中去，由此实现全员育人、全过程育人、全方位育人。"课程思政"的创新形式符合习近平总书记在全国高校思想政治工作会议上提出的"用好课堂教学这个主渠道，思想政治理论课要坚持在改进中加强"，"其他各门课都要守好一段渠、种好责任田，使各类课程与思想政治理论课同向同行，形成协同效应"的新要求。可以预见，"课程思政"作为新时期提升思想政治理论课教学内容综合性的有效路径和重要形式，将成为未来高校创新思想政治理论课教育教学、打造全方位思想政治教育空间的新的潮流与趋势。

4. 以联系实际的根本原则增强教学内容的可接受度

思想政治理论课教学内容的优化，必须遵循理论联系实际的根本原则。大学生作为现实社会中的客观存在，是一个具有自身特点和特殊利益与诉求的独特群体，他们会根据实际生活和自身发展的需要来选择和接受思想政治理论课的教学内容。因此，思想政治理论课的教学内容只有贴近学生，找准学生的关注点、需求点，才能被学生所接受，才能具有更强的针对性与实效性。思想政治理论课教学内容要联系学生实际，至少应包括以下四方面：一是联系学生的思想实际，即要围绕学生思想上普遍存在的困惑和问题构建教学内容；二是联系学生的学习实际，即要根据学生的学科专业、知识背景等设计教学内容；三是联系学生的生活实际，即教学内容不能脱离学生实际的生活世界，要做到从现实生活出发，最终回归现实生活；四是符合学生心理发展的实际，即教学内容要立足于大学生的心理需求与成长规律，帮助他们调适心理，保障他们健康成长。总之，优化思想政治理论课教学内容，必须以解决学生的实际问题为切入点，通过多种方式将教学内容融入学生的动态生活，真正做到以学生为本，只有这样，思想政治理论课的教学内容才能具有更强的吸引力和针对性。

5. 以强烈的衔接意识增强教学内容的整体性

解决思想政治理论课教学内容的重复性问题，最主要的途径就是从教材编写上下功夫。这就要求教材编写者必须树立强烈的衔接意识：一是要注重教材编写的逻辑性，突出中学政治课与大学思想政治理论课教学内容的层次性、过渡性，体现教学内容的循序渐进、衔接有度。二是要把握好受教育者的学习能力与需求，也就是中学政治课教材与大学思想政治理论课教材应该体现不同的阶段性特点，即中学教材应主要解决"是什么"的知识性问题，而大学教材应着力解决"为什么"的思想性问题，以此满足不同阶段学生的学习与成长需要。三是要做好教材编写的统筹工作，建立专门的教材编写衔接机构，细化中学政治课与大学思想政治理论课，以及高校四门思想政治理论课之间的内容结构，不断完善教材编写标准，剔除不必要的重复性内容。此外，思想政治理论课教师在教学过程中也应注重把握各门课程的不同要求与特点，在教学内容上各有侧重，也是降低教学内容重复率的重要途径之一。

第二节 高校思想政治理论课的教学过程

高校思想政治理论课的教学过程本质上是一种特殊的实践活动——认识复合活动。它具有双边性与周期性、认知性与个性化、实践性与社会性等基本特征。思想政治理论课的教学过程包括学生、教师、教学内容、社会环境和中介手段等实体性要素和教学目的、教学活动、教学结果等过程性要素。思想政治理论课教学过程的有效运行依赖于各种教学要素的相互作用，其中，教师与学生是推动思想政治理论课教学过程有效运行的两个最为核心的要素。

一、高校思想政治理论课教学过程的本质内涵

教学过程的本质内涵一直是国内外教育理论界研究的热点问题，至今尚无定论。而关于高校思想政治理论课教学过程的本质内涵，这里主要是从教学活动的视角来进行认识和研究的。我们认为，教学活动是教师的"教"与学生的"学"构成的双边实践活动。因此，思想政治理论课教学过程的本质可以认为是由教师的教学实践与学生的学习认知共同组成的一种特殊的实践活动——认识复合活动。

（一）教学过程的本质内涵

教学是实现教育目的的主要途径和手段，是教师引导学生按照明确的目的、循序渐进地以掌握教材为主的一种教育活动。通过这种活动，教师有目的、有计划、有组织地引导学生学习和掌握文化科学知识和技能，促进学生素质提高，使他们成为社会所需要的人。

教学活动必须通过教学过程才能实现，教学过程即是教学活动的展开过程。而关于教学过程本质内涵的认识，不同的教育理论学派，基于自身的理论体系，认识与理解也不一样。例如，形式教育理论认为，教学是促进人的内在官能显现和成长的过程；主知主义教学理论认为，教学是知识授受和观念运动的过程，是习得间接经验的过程；行为主义教学理论认为，教学是个体亲身探索、操作而获得直接经验的过程；人本主义教学理论认为，教学是人性的表达和自我实现。

就目前国内教育理论界而言，对教学过程本质内涵的研究主要存在以下观点：有学者将他人的研究归纳为认识发展说、双边活动说、多重本质说、交往本质说四种观点，并认为教学过程是一个包括认识过程和交往实践两方面的活动过程，是一个认识与交往实践统一的过程。①有学者归纳出国内外对教学过程的三种比较典型的看法，并最终认为教学过程实质上是教师引导学生学习的教与学相统一的活动的时间流程。它的指称有三个层面：一是一门课程从开始到结束的教学过程；二是一门课程的一章或一个单元从开始到结束的教学过程；三是一节课从开始到结束的教学过程。②有学者从决定教学过程的基本条件出发，认为教学过程是适应社会生活需要并促进社会发展的过程，是学生在教师引导下自觉地能动地认识世界的过程，是促进学生身心发展的过程。③还有学者从整体上和发展上进行研究，把教学过程分为四层：一是从学生进入小学开始到大学毕业或受完一定阶段的学校教育为止，这是第一教学过程；二是一门课程从开始到结束，这是第二教学过程；三是一门课程中的一章或一个单元的教学过程，这是第三教学过程；四是一点知识或一课书的教学过程，这是第四教学过程。

在国外教育理论界，关于教学过程本质内涵的研究，影响比较大的是苏联教育家达尼多夫，他认为，要正确理解教学过程就必须把它作为一个整体来考察，认为教学过程是教师活动和学生活动的一个十分复杂的动态性的总体，该过程有其内在的逻辑，由于这个过程内在的逻辑，教学过程的各个方面和环节总是处于复杂的相互作用之中，其中，每一个方面和环节的运动都是最终服从于整体的运动规律的。

综上所述，教学过程是由多种要素多个环节相互作用所组成的一个十分复杂的、动态性的发展系统，是教师根据一定的社会要求和学生身心发展的特点，借助一定的教学条件，指导学生主要通过认识教学内容从而认识客观世界，并在此基础之上发展自身的过程。而对于其本质的看法，则存在着特殊认识说、认识发展说、传递说、学习说、实践说、交往说、关联说、认识实践说和层次说等多种不同主张。这些观点是从不同层次、不同视角对教学过程进行的理论探讨，从不同侧面、不同维度反映着教学过程的实质。目前国内理论界对教学过程本质比较普遍的看法是，认为"教学过程是一种特殊的认识过程"。教学过程是学生认识世界的活动，而这个认识过程的特殊性表现在认识的主体是正在成长中的学生，认识的对象是一定教材所规定的知识，认识的环境是在教师引导下的特定教学环境，认识的任务为学生把书本知识转化为自己的知识，使个体认识和人类总体认识达到统一。简言之，教学过程是学生在教师指导下由现实水平达到所需的培养目标的发展过程。

（二）思想政治理论课教学过程的本质内涵

高校思想政治理论课的教学过程，就是思想政治理论课教师按照国家规定的课程目标，有目的、有计划、有步骤地对大学生进行马克思主义理论教育和社会主义核心价值观教育，引导和帮助大学生树立正确世界观人生观价值观，培养担当民族复兴大任的时代新人的过程。这一教学过程离不开教师的"教"与学生的"学"。事实上，教学活动既不是单独的教师教授活动，也不是纯粹的学生学习活动，而是由教师教的活动与其所引起的学生学的活动有机构成的一种特殊的实践活动——认识复合活动。因此，思想政治理论课教学过程的本质，我们可以从教师、学生以及教师与学生的交互三个层面进行探讨。

1.思想政治理论课教学过程是一种特殊的实践活动

思想政治理论课教学过程的特殊实践性是针对思想政治理论课教师的"教"而言的。思想政治理论课教师的教学活动，从本质上看，必然是一种特殊的实践活动。这种实践活动的特殊性，具体体现在以下几方面。

一是实践对象的特殊性。思想政治理论课教师的实践对象是自身具有主体性的大学生，而不是处于消极状态的没有主体性的物。这就决定了思想政治理论课教师在教学过程中，必须充分调动学生学习的积极性与主动性，引导他们发挥主体作用，变被动学习为主动学习，才能取得良好的教学效果。同时，大学生是一个具有鲜明特征的特殊群体，思想政治理论课教师必须准确把握这一教学对象特殊的思想特征与行为特点，以此为基础，积极开展思想政治理论课教学实践，保证思想政治理论课教育教学的针对性和实效性。

二是实践结果的特殊性。思想政治理论课教师的教学实践，其最终的结果必然指向大学生内在的思想和外在的行为的变化。一方面，它不同于一般实践活动以事物的外在形态的改变为实践结果，并且可以通过某种手段以量化的方式检验其合格与否。思想政治理论课教师的教学实践结果，只能通过学生言行的改变来体现，这需要对教育对象长期的细致的观察，是无法通过仪器或设备的测定而做出结论的；另一方面，与其他学科教师的教学实践相比，思想政治理论课教师教学实践的结果体现在大学生政治信仰、思想素质、人格发展与价值观完善等政治思想道德素质层面，而其他学科教师的教学实践结果主要体现在促进大学生的智力发展与技能提升方面，两者之间尽管存在一定的相互促进的内在关联，但却有着根本不同。

三是实践方式的特殊性。思想政治理论课教师教学实践的方式是言传和身教。思想政治理论课作为对大学生开展世界观人生观价值观教育、解决大学生思想问题的课程，其教学实践的方式不能是行政的、强制的，必须是民主的、说服教育的。这就决定了思想政治理论课教师的教学实践方式是言传与身教相结合。既要通过系统的马克思主义理论教育帮助大学生掌握马克思主义的基本原理，并学会运用马克思主义的立场、观点、方法去认识和解决问题，也要通过教师自身在日常生活中对马克思主义理论的积极践行，来说明和增强思想政治理论的科学性、正确性和说服力。言传，解决的是理论灌输问题；身教，解决的是理论实践问题。二者作为思想政治理论课教师特殊的教学实践方式，在思想政治理论课教学活动中，相辅相成，缺一不可。

2. 思想政治理论课教学过程是一种特殊的认识活动

学生是思想政治理论课教学活动的主体，作为教育对象，学生的学习活动必然是一种特殊的认识活动。其作为认识活动的特殊性，主要体现在以下三方面。

一是认识方式的特殊性。人类对客观世界的认识有两种方式，即直接经验与间接经验。由于客观世界是不断发展的、无限的，个人通过自身直接经验而获得的认识势必是有限的。因此，人们要达到全面深刻地认识客观世界，不能单纯依靠自身的社会实践与直接经验的累积，必须以接受前人已经获得的认识即间接经验作为主要途径。思想政治理论课教学过程就是让学生认识人类经验中已经认识的客观规律，掌握人类经过过去千百年实践凝结而成的宝贵知识。因此，以接受间接经验为主，是思想政治理论课教学过程认识方式的一个显著特征。

二是认识对象的特殊性。有学者认为，学生在思想政治理论课教学中的学习这一特殊认识活动的认识对象具有特殊性，表现为认识对象的多层次性。具体来说，思想政治理论课学生学习的直接认识对象，是马克思主义等相关的科学理论，而其根本的认识对象则是其相关理论所反映的客观对象。一方面，学生对直接认识对象的认识是一种理论层面的认识，是对认识的认识，它是学生认识客观世界的前提和思想武器，没有对理论的正确认识就无法形成对客观世界的正确认识；另一方面，如果学生的认识只停留在理论认识阶段，而不能运用科学理论去认识和改造世界，那么就无法实现思想政治理论课最终的教学目的，思想政治理论课的教育教学也就失去意义。这就是学生学习思想政治理论课这一认识活动的认识对象的多层次性特征，也是其认识特殊性的一个重要体现。

三是认识目的的特殊性。实践是认识的出发点和最终归宿。学生在思想政治理论课教学中的学习这一特殊的认识活动，其认识的最终目的必然指向指导实践。而指导实践的前提，必须是学生正确掌握了科学的思想理论武器，充分认识了客观世界特别是人类社会发展的规律，因此，这是思想政治理论课学生学习活动最直接的认识目标。在此基础上，学生才能进一步树立正确的世界观、人生观和价值观，并以其指导自己的实践活动，最终实现思想政治理论课学生学习这一特殊认识活动的最根本的认识目的。

3.思想政治理论课教学过程是一种特殊的实践——认识复合活动

教师的"教"是一种特殊的实践活动，学生的"学"是一种特殊的认识活动，但二者并非相互独立、互不相干，而是关联紧密、相互影响的。二者必须通过一定的中介因素统一于思想政治理论课教学活动之中。这些中介因素具体包括如思想政治理论课的教学内容、教学目标、教学环节、教学语言等，它们共同构成了思想政治理论课教师教学实践活动与学生学习认识活动的结合点，为二者的有机统一提供了可能性。正确把握这些教学中介因素是顺利开展教师教学实践活动与学生学习认识活动的基本前提，而其中，充分发挥教师的主导作用是正确把握思想政治理论课教学中介诸因素的关键所在。只有思想政治理论课教师充分发挥自身的主导作用，合理安排教学内容，科学树立教学目标，全面把握教学环节，正确运用教学语言等，才能积极有效地对学生进行教育和引导，才能充分调动学生学习的兴趣和主动性，才能最大限度地激发学生的探索欲和认知热情，从而取得良好的教学效果。总之，思想政治理论课教学过程本质上是一种特殊的认识复合活动，它需要一定的教学中介因素，将教师的教学活动与学生的认识活动紧密结合，共同构成思想政治理论课教育教学的有机整体。

（三）思想政治理论课教学过程的基本特点

思想政治理论课教学过程具有丰富的特点，如双边性与周期性、认知性与个性化、实践性与社会性等。

1. 双边性与周期性

思想政治理论课的教学过程是教师的教学活动与学生的认识活动在一定的教学中介因素的作用下所共同构成的双边活动。思想政治理论课师生之间通过相互的作用，不断发生碰撞、交流与融合，在这个不断碰撞、交流与融合的过程中，势必不断产生新的矛盾，即新知与旧知、未知与已知的矛盾。为解决这些不断产生的新的矛盾，思想政治理论课的师生之间继而又会发生新一轮的碰撞、交流与融合。这个循环往复的过程，不断将思想政治理论课教学活动推向前进。这就是思想政治理论课教学过程的周期性特征。也就是说，思想政治理论课教师的"教"与学生的"学"在教学过程中体现为对立统一的关系，即，通过不断的矛盾运动，共同将思想政治理论课的教学过程螺旋式地向前推进。

2. 认知性与延展性

思想政治理论课的教学过程是学生在教师的指导下特殊的认识过程。一方面，它与一般的人文社会科学类课程一样，都是一个通过教师的指导和讲授，帮助学生掌握知识理论、进行知识传递的过程。这就是思想政治理论课教学过程的认知性。另一方面，思想政治理论课特殊的课程性质又决定了它的教学过程不同于一般人文社会科学类课程的教学过程，即它是以信仰和价值观教育为最终目的的课程，因此，学生对一般知识理论的认知和掌握并不是思想政治理论课教育教学的终点。它的教学过程需要进一步延展，即通过师生或学生间良好的互动等多种形式，实现思想政治理论等相关知识的内化，真正做到内化于心、外化于行，不断提升大学生的身心素质，促进他们政治思想的转变。而大学生思想政治素质的提高，往往体现于课外日常的学习、生活实践之中，从这个意义上说，大学生的课外实践活动也可视为思想政治理论课课堂教学过程的继续和发展。因此，可以认为，思想政治理论课的教学过程具有一定的延展性。

3. 实践性与现实性

思想政治理论课的教学过程是一种特殊的实践活动——认识复合活动。无论是教师的"教"还是学生的"学"，抑或是联结二者的、共同完成思想政治理论课教学活动的诸多教学中介因素，都具有显著的实践性特征。同时，思想政治理论课是对大学生开展系统的马克思主义理论教育的主渠道，马克思主义基本原理尤其马克思主义中国化的理论成果，是对人类社会发展规律尤其中国社会革命、建设发展规律的科学总结，思想政治理论课的教学过程就是对大学生进行马克思主义理论宣传教育的过程，也是引导和帮助大学生正确认识人类社会发展规律、中国革命历史发展规律以及当前历史条件下中国社会发展的现实问题的过程。因此，思想政治理论课的教育教学是具有时代感与现实性的教学过程。

二、高校思想政治理论课教学过程的构成要素

高校思想政治理论课教学是一个包含着多种要素、多种矛盾的复杂系统。其构成要素包括：学生、教师、教学内容、社会环境和中介手段，这是构成教学过程的五种实体性基本要素。此外，教学过程还包括教学目的、教学活动和教学结果，这是构成教学过程的三种过程性基本要素。

思想政治理论课教学是教师在一定的社会环境中运用一定的中介手段系统地向学生传授相关科学理论的活动。因此，教师、教学内容、学生、社会环境和中介手段是构成这一活动的五个实体性要素。教师是思想政治教育教学活动的发动者和组织者，学生是这一活动的响应者和接受者。学生通过教师运用一定的教学手段，认识人类的经验成果，即系统的教学内容和书本知识。学生掌握了思想政治理论课的教学内容，实现了由不知到知的转化，并最终内化为自身的价值、信仰体系，即达到了思想政治理论课的教学目的。思想政治理论课的教学内容是发展着的科学理论体系，表现为一系列的基本概念、判断和原理。社会环境是思想政治理论课教学中不可忽视的重要因素之一，因为思想政治教育活动总是在特定的社会环境中进行和完成，并受到其影响和制约的。良好的社会环境能够提高思想政治理论课的教学效果，反之，则可能削弱思想政治理论课教学的实效性。中介手段是教师把教学内容传导给学生的媒介，包括教材、文字材料、多媒体课件、微课程视频等教学资源和载体。随着网络计算机技术的飞速发展，思想政治理论课教学的中介

手段将会越来越多、原来越复杂。

思想政治理论课教学是教师和学生为了实现其自觉意识到的目的而共同从事的活动，它经历了一定的环节和过程，最终表现为一定的思想政治理论课教学的结果。无论思想政治理论课教学成功与否，教学目的、教学活动和教学结果都是其客观存在的不可缺少的三个因素。因此，从实践——认识活动的过程来考察，教学目的、教学活动和教学结果，是构成思想政治教学的三个要素。教学目的是思想政治理论课教学追求的目标，从根本上说就是培养大学生运用马克思主义的立场、观点、方法分析和解决实际问题的能力。具体看来，就是通过系统的课程教育，向大学生传授社会科学知识，进行政治信仰和思想品德教育，帮助他们树立科学的世界观、人生观和价值观。这一过程不是单纯地向大学生传授知识和灌输理论，而是在此基础上集中地对大学生进行知、情、信、意、行相统一的政治素质教育和思想品德培养的过程。思想政治理论课的教学目标根据教学对象和教学内容的不同，在教学过程中，具体表现为各种阶段性的特定的教学目标。教学活动是把教学目的变成现实教学结果的中间环节，它具有多种实现形式，其中，课堂教学、社会实践、理论研讨、社会宣传是其最常见的基本形式，随着实践的发展，其实现形式也必然越来越丰富。思想政治理论课教学的结果集中体现在学生的政治、思想、理论素质的变化，同时也表现于对教育者和整个社会的影响。

上述五种实体性要素、三种过程性要素，各要素间相互影响、相互作用，构成了思想政治理论课教学中教与学、教师与学生、主体与客体、教学目的与教学结果、理论与实践等若干对矛盾，其中，"各对矛盾之间，又互相成为矛盾"。这样，每一要素与其他各要素之间的关系及其这些关系的关系，构成了思想政治理论课教学的矛盾体系。而其中每一对矛盾的同一性与斗争性以及诸多矛盾的相互作用，构成了思想政治理论课教学错综复杂的矛盾运用，推动着思想政治理论课教学的不断发展。思想政治理论课教学的运行即是这些矛盾运动的展开。

三、高校思想政治理论课教学过程的有效运行

高校思想政治理论课教学过程是一个包含着诸多因素的复杂工程，其中，学生是教学过程的主体，而教师是整个教学过程的中心，主导着整个教学过程的推进和展开。思想政治理论课教学过程的有效运行，学生与教师是起着关键作用的两个核心要素。

（一）教师在思想政治理论课教学过程中的主导作用

在教师的教学实践活动中，围绕教师实践活动的目标，各教学要素之间必然产生多种关系，在认识和处理这些关系的多种实践和认识活动中，教师发挥着主导作用。教师自身素质的高低直接影响着其教授活动质量的好坏。高校思想政治理论课教学过程的有效运行，必须充分发挥教师的主导作用。同时，要正确处理和全面把握思想政治理论课教师与学生、教师与其他基本要素之间的内在联系。只有这样，才能协同推进思想政治理论课教学过程的有效运行，达成思想政治理论课教学的最终目标。

1. 教师与学生

教师与学生是思想政治理论课教学过程中人的要素，同属教学活动的主体。教师是教学过程的主导因素。对学生而言，教师是教学过程的组织者、领导者，教师通过运用适当的教学方法和手段，激励、指导学生主动学习，体现教师与学生"教与学"的关系。在思想政治理论课教学过程中，教师的教授活动与学生的学习活动主要通过两条途径完成：一是学生在课堂上直接接受思想政治理论课教师的知识传授和教导；二是在思想政治理论课教师的适当引导下，学生在课下进行独立地自主学习和探究。目前，在我国高校的思想政治理论课教学过程中，主要倡导建立一种混合式的教学模式，即通过创设一定的条件，在充分运用两条基本途径的同时，积极进行两条途径的有机结合，将课上与课下、主动学习与被动学习、知识传授、理论内化与课外实践结合起来。这一教学过程的推进、教学模式的运行，都有赖于思想政治理论课教师组织、领导作用的发挥。这就要求：首先，思想政治理论课教师要充分了解和认识作为教学对象的大学生。这是发挥主导作用的前提。思想政治理论课教师必须多方面研究自己的教学对象，全面把握当代大学生的思想状况和行为特点，根据他们的身心发展特征和成长规律，因材施教，充分调动他们的主观能动性，激发他们对于思想政治理论课的学习兴趣和学习热情。其次，作为教学过程的组织者，思想政治理论课教师要积极采取行之有效的教学方法，根据教学对象的知识结构、学习状态，以及教学内容的不同要求，综合运用讲授式、案例式、研讨式等多种教学方法，提升思想政治理论课教学过程的吸引力与可接受度，激发学生对于教学过程的参与热情。再次，思想政治理论课教师要热爱学生、贴近学生、尊重学生，所谓"亲其师而信其道"，只有真正做到了师生互亲、互信、互敬，创造一个良好的师生关系，才能营造一个轻松愉悦、良性互动的课堂氛围，才能不断增强和提升思想政治理论课的亲和力、说服力和教学效果。

2. 教师与教学中介手段

思想政治理论课教学过程的中介手段，是思想政治理论课教师传导教学内容所依托或采用的各种必要的载体、平台、手段等，具体包括教材、文字材料、多媒体课件、微课程视频等多种教育教学资源。中介手段作为联结教师与学生的"桥梁"或"纽带"，在教学过程中发挥着重要作用。中介手段选择、运用的恰当与否，直接关系到思想政治理论课教学过程能否顺利展开，以及思想政治理论课最终教学效果的取得。这就要求思想政治理论课教师一方面要善于根据教学对象的特点和教学内容的要求，选取恰当有效的教学手段，或进行案例分析，或进行理论阐释，抑或观看微课程视频之后组织课堂讨论等。科学适当的教学手段是提升思想政治理论课教学效果的重要保证。另一方面，思想政治理论课教师要善于挖掘、制作、利用各种教学资源，不断创建、丰富、完善各种教学平台与载体，这是新时代持续创新思想政治理论课教学媒介的基本前提和必然要求。不但要继续挖掘传统的思想政治理论课教学资源，如，红色资源、校园文化等，还要充分认识到网络多媒体、大数据等新的技术手段对思想政治理论课教学的影响。思想政治理论课教师要善于学习并有效利用这些新的教育技术手段，全面发挥网络多媒体在传播思想政治理论方面的巨大影响力，不断推动思想政治理论课教学与时俱进。

3. 教师与教学环境

教学环境是指教学的社会环境、学校环境和课堂环境等，这是思想政治理论课教学过程得以顺利展开的物质前提。社会环境包括政治经济形势、科学技术水平、学生的家庭条件、社会关系及成长背景等；学校环境包括教学设施、学校各方面管理规章制度、校风和校园周围环境等；课堂环境包括班风、学风、师生关系等。思想政治理论课教学环境是制约思想政治理论课教师发挥主导作用的重要因素。在思想政治理论课教学活动中，教师总要选择一定的事例、数据等材料资源来说明教学的内容、支持传播的理论观点，还要精心设计教学的时机和场景以营造良好的教学氛围。所有这些都只能在现实环境提供的可利用的资源范围内来进行选择。思想政治理论课教学过程中需要传播的思想观念及其材料资源都来源于客观环境，思想政治理论课教学的内容及资源，因环境中存在的矛盾和问题及其对思想政治理论课教学对象的影响不同而有所不同。因此，为提高思想政治理论课教学的实效性，思想政治理论课教师应有目的、有意识地选择一定的时间和空间并通过一定的形式，创设出特定的教学情境和氛围，来对教学对象施加教育影响。在思想政治理论课教学过程中，思想政治理论课教师必须注重教学环境的优化，充分利用环境中的积极因素，使外界环境成为思想政治理论课教学的自觉手段，并使其各个要素及其相互关系保持最佳状态，把不利的环境变为有利的环境，把消极的环境变为积极的环境。

4. 教师与教学方法

高校思想政治理论课教学方法是思想政治理论课教学过程中师生互动的重要纽带。科学恰当的教学方法是思想政治理论课教学过程得以正常运行和有效展开的必然要求。思想政治理论课教学效果的提升，有赖于思想政治理论课教师探索运用正确的教学方法，如，研讨式、案例式、启发式、研究式等多种鼓励学生积极参与、启发学生思考、激发学生学习兴趣的教学方法，要坚决摒弃和改变以往教学中存在的"填鸭式""一言堂""照本宣科"等压抑学生参与热情、阻碍学生独立思考的教学方法。这些启发式、参与式教学方法的运用，依赖于思想政治理论课教师主导作用的发挥。它对教师的教学能力与知识储备提出了更高的要求，教师必须具有足够的驾驭课堂的能力，才能对学生的学习及时加以正确引导，保证学生的学习沿着正确的方向进行。如果思想政治理论课教师自身的教学能力欠缺，不能在课堂上充分发挥主导作用，就会使得参与式、研讨式等教学方法沦为学生的放任自流，无法从根本上提升思想政治理论课的教学质量。此外，还应注意的是，任何教学方法的运用，都必须以教学内容为中心，以教学目标为追求，坚决避免那种只图课堂一时热闹，甚至哗众取宠、将教学方法游离于教学内容和教学目标之外的现象。只有立足于教学内容、着眼于教学目标的教学方法，才有可能真正成为促进师生良性互动、推动思想政治理论课教学过程有效运行的纽带和条件。

5. 教师与教学目标

教学目标是指教学活动实施的方向和预期达成的结果，是一切教学活动的出发点和最终归宿。它具体可分为三个层次：一是课程目标；二是课堂教学目标；三是教育成才目标。用马克思列宁主义、毛泽东思想和中国特色社会主义理论体系武装当代大学生，引导和帮助他们树立正确世界观、人生观、价值观，确立为中国特色社会主义事业而奋斗的政治方向，是高校思想政治理论课的根本目的和主要任务，也是高校立德树人、培养大学生成长成才的根本方向和最终目标。思想政治理论课教师在思想政治理论课教学过程中开展的一切教学活动，都必须明确指向这一教学活动的总目标，为实现预期的教学目的和任务服务。同时，思想政治理论课教师还要注重教学目标的层次性和针对性，根据教育教学的总体要求和具体内容，逐步分解教学目标，遵循思想政治教育教学规律，由小到大逐层加以实施。只有确立明确的教学目标，树立正确的教育方向，才能避免思想政治理论课教学的盲目性，才能制定科学合理的教学步骤和教学计划，才能达到思想政治理论课所要求和预期的教学结果。

（二）学生在思想政治理论课教学过程中的主体地位

教学过程既是教师"教"的过程，又是学生"学"的过程。在学生学习思想政治理论课的活动中，围绕实现学习目标，各教学要素之间会产生多种关系。在正确认识和处理这些关系的各种实践和认识活动中，学生是主体。学生能否积极参与教学活动直接影响着教学活动的结果。思想政治理论课教学过程的有效运行，必须充分发挥学生的主体作用。

1. 学生与教学中介手段

教学中介是传导教学内容的必要载体，再好的教学内容，也必须通过一定的中介手段才能让学生接受和掌握。对于成长于信息技术时代的当代大学生而言，相对于传统教育手段，现代教育技术显然更符合他们的认知方式与学习特点。在思想政治理论课教学过程中运用现代教育技术手段，能够使教学内容中涉及的事物、现象等声情并茂地再现于学生面前，这种直观丰富的呈现方式无疑能够激发学生的学习兴趣，也能让原本枯燥抽象的科学理论变得更加容易理解。同时，现代教育技术手段能够及时、真实、全面、集中地呈现大量丰富的学习信息，既节省了时间，提高了学生的学习效率，又能在一定程度上解决教学资源不均衡的问题，使学生公平地享受到全国乃至全世界最优秀教师的授课，增强他们学习思想政治理论课的效果。当然，在运用现代教育技术手段激发学生兴趣、提升思想政治理论课教学效率与效果的同时，也应该认识到，现代教育技术手段并不能完全取代传统教学手段的运用。思想政治理论课的课程性质决定了它并非单纯进行知识传递，更是肩负着对大学生开展信仰与价值观教育的重任。而信仰与价值观教育需要思想政治理论课教师的言传身教，需要教师与学生之间面对面的、情感上的交流与互动，更需要以教师的人格魅力去感染学生，这些不是单纯依靠教育技术手段能够实现的。因此，在思想政治理论课教学过程中，要充分考虑课程的特性与学生的学习特点，充分挖掘与发挥传统教学手段与现代教育技术的优势，努力探索二者之间的深度融合，不断优化思想政治理论课的教育教学，提升思想政治理论课教育教学的针对性与实效性。

2.学生与教学环境

学生对于思想政治理论课的学习必然是在一定的教学环境中实现的。教学环境是影响学生学习效果的重要因素。一方面，思想政治理论课的教学内容来源于教学环境；换言之，也就是教学环境为学生的学习提供了丰富的资源与内容。思想政治理论课具有很强的现实性与时代性，社会的飞速发展与国际国内政治经济形势的新变化等，都会成为思想政治理论课教学的重要内容。学生通过思想政治理论课的学习，不断了解我国社会发展的最新动态，认识社会生活的各种实际，这种大的社会环境教育，能够让学生及时把握时代脉搏，培养他们的社会责任感。另一方面，教学环境也会直接影响学生对思想政治理论课的学习态度与效果。良好的社会风尚、校园文化、班风学风、师生关系等，能够发挥巨大的感染与熏陶作用，促进和引导学生不断提升思想政治素质和道德水平，不断完善自我。反之，不利的教学环境则会对学生的学习产生阻碍作用，降低学生对思想政治理论的理解与认同，削弱思想政治理论课的教学效果，不利于学生的全面成长与成才。

3.学生与教学方法

要使学生积极主动地学习思想政治理论课，促进思想政治理论课教学过程的有效运行，思想政治理论课教师必须采取正确的教学方法。不同学生的实际情况不同，其学习的具体方法也会不同，但所有学生学习思想政治理论课都离不开理论联系实际的基本方法。只有坚持理论联系实际，才能把以抽象的概念和原理的形式表现出来的科学理论同它所反映的丰富的客观对象联系起来，从而深刻地理解思想政治理论课中的相关科学理论。要坚持理论联系实际的基本方法，一方面，大学生要把握理论和了解实际。这是理论联系实际的前提条件；另一方面，还要注意培养敏锐的观察力和敏捷的思维能力。思想政治教育中的科学理论尤其马克思主义理论博大精深，社会实际丰富多样，只有具有敏锐的观察力和敏捷的思维能力，才能做到二者有机联系。同时，理论联系实际不仅要联系国内外各种社会实际，还要联系大学生自己生活、学习和思想的实际，这样才能在学习的过程中改造自己的主观世界，逐步树立起科学的世界观、人生观和价值观。

4.学生与教学目标

就学生而言，思想政治理论课的教学目标与他们的学习目标具有一致性。学习目标是学生在学习中为自己确定的方向或希望达到的预期结果。正确的学习目标能够为学生的学习提供正确的前进方向和持久的学习动力，引导和激励学生自觉地发挥学习的主体性。学习目标具有长期目标和短期目标之分。思想政治理论课学习的长期目标是树立科学的世界观、人生观和价值观。而每一个学生根据自身实际状况所确立的诸如单元学习目标、学期学习目标甚至每日学习目标等，属于短期学习目标。长期学习目标的确立建立在短期学习目标实现的基础上，短期学习目标恰当与否也直接决定着长期学习目标的实现。长期学习目标与短期学习目标都深刻影响着学生学习思想政治理论课的积极性，进而影响着思想政治理论课教学过程的有效运行。学生只有立足于时代要求，结合自身特点，科学恰当地制定每一阶段的学习目标，并使每一阶段的学习目标之间相互衔接，才能真正实现学习思想政治理论课的长期目标。

第三节 高校思想政治理论课的教学原则

教学活动作为人类所特有的社会实践活动，需要基本的教学规范。教学活动之所以是教学活动而非其他活动，表明了教学活动本身已经内在地含有或遵循了一定的教学原则。因此，教学原则在教育理论中占有十分重要的地位。高校思想政治理论课的教学原则反映了大学生思想政治教育的客观规律，是顺利开展思想政治理论课教学活动必须遵循的基本规范和工作准则。正确把握和运用思想政治理论课教学原则，对于促进思想政治理论课教学改革、提高教学实际效果，具有积极的推动作用。

原则是从自然界和人类历史中抽象出来的，只有正确反映事物客观规律的原则才是正确的。要确立高校思想政治理论课教学原则，首先要弄清其基本含义、作用意义及确立依据。

一、思想政治理论课教学原则的含义

高校思想政治理论课教学原则是指在我国高等教育中，根据思想政治理论课的教学目的，总结思想政治理论课教学实践经验、反映思想政治理论课教学规律、用以指导思想政治理论课教学活动的基本准则。它是一般教学原则在高校思想政治理论课教学中的具体运用，是开展思想政治理论课教学必须遵循的基本要求。为进一步理解思想政治理论课教学原则的基本内涵，可将其特点概括为以下几方面。

（一）思想政治理论课教学原则的合目的性

教学目的是教学工作的出发点和归宿，它规定了教学活动的发展方向和预期目标，指导和支配着教学活动的各个方面。中华人民共和国成立以来尤其改革开放以后，党和国家先后颁布了一系列关于加强和改进高校思想政治理论课的重要文件，强调指出，高校思想政治理论课承担着对大学生进行系统的马克思主义理论教育的任务，是大学生思想政治教育的主渠道……是帮助大学生树立正确的世界观、人生观、价值观的重要途径，体现了社会主义大学的本质要求，是党和国家事业长远发展的根本保证。这是思想政治理论课教学的性质、目的和任务所在，思想政治理论课教学原则必须符合这一课程性质和教学目的、任务的要求。

（二）思想政治理论课教学原则的合规律性

教学规律客观存在于教学活动之中，教学原则的任务之一就是要反映和体现教学规律。思想政治理论课教学规律就是教学过程中诸要素之间内在的、本质的、必然的联系。思想政治理论课教学原则之所以是指导思想政治理论课教学活动的基本原理和行为准则，就在于它反映了思想政治理论课教学规律的客观要求。因此，只有那些符合实际情况、真正反映思想政治理论

课教学规律的原则，才是正确和科学的原则，否则就是错误和不科学的。

（三）思想政治理论课教学原则的抽象概括性

教学原则是在教学实践中形成的，但又不是对教学实践经验的简单归纳和总结，而是概念原理体系化了的理性认识，是经过深入的理论思维后进行抽象的产物。思想政治理论课教学原则正是基于教学实践并对经过实践反复检验的教学经验进一步抽象和概括出来的。

（四）思想政治理论课教学原则的规范性

思想政治理论课教学原则是思想政治理论课教学活动的基本要求和准则，因而具有一定的规范性，但它又非具体的教学规则或教学方法，而主要是对思想政治理论课教学活动中的根本性问题指明最基本的解决方式。因此，必须全面审视和分析教学过程中的基本矛盾，并站在较高的视点来建构思想政治理论课的教学原则。

此外，随着思想政治理论课教学经验的不断积累和人们对思想政治理论课教学本质、规律认识的深化，思想政治理论课教学原则也是动态变化和发展的，具有鲜明的时代特色。

二、思想政治理论课教学原则的意义

思想政治理论课教学原则作为思想政治理论课教学活动必须遵循的一般原理或准则，贯穿于思想政治理论课教学全过程，对思想政治理论课教学的顺利开展及其目标、任务的实现，具有十分重要的意义。

（一）思想政治理论课教学原则保障了思想政治理论课教学方向性质

高校思想政治理论课不仅具有丰富的知识性和理论性，而且具有鲜明的思想性和政治性。作为大学生思想政治教育的主渠道，其教学能否坚持中国特色社会主义政治方向和体现党的教育方针，直接关系到高等学校"培养什么人"的根本问题。思想政治理论课教学原则是思想政治理论课教学的基本准绳和法则，它是以马克思主义、毛泽东思想和中国特色社会主义理论体系为指导，依据党和国家关于高校思想政治理论课的性质定位及目标要求而确立的。思想政治理论课教学原则的这一特性，决定了它的贯彻实施能够保证思想政治理论课教学的正确方向和体现社会主义大学的本质要求。

（二）思想政治理论课教学原则影响思想政治理论课教学过程的实施

思想政治理论课教学原则作为教学活动的准则，在一定程度上决定着对教学内容、教学方法与手段、教学组织形式的选择，进而直接指导和调控着思想政治理论课的教学过程。

（三）思想政治理论课教学原则促进了思想政治理论课教学的科学化

思想政治理论课教学原则是思想政治理论课教学规律的体现。事实证明，思想政治理论课教学遵循相应的原则进行，就会符合规律性和更加科学化，其教学活动就会减少偏差和失误、变得顺畅而有效；反之，如果脱离教学原则的规范和要求，其教学活动就会失去科学性而难以取得实效。随着时代发展和国际国内形势的变化，高校思想政治理论课教学的环境条件、任务要求、教学模式等将会出现新的特点和变化，与之相适应的教学原则也会总结概括出新的经验，在发展中不断丰富和完善。这就要求在教学原则指导下的思想政治理论课教学实践必须进一步深化改革，不断探索与创新，这无疑有助于提高教学的科学化水平。

第三章 高校思想政治课堂理论教学方法

第一节 高校思想政治理论课理论教学方法的理论基础

思想政治理论课理论教学方法又称为理论学习方法，是教师有目的、有计划地向学生进行马克思主义理论宣传、培训、教育和引导，从而使学生树立正确的世界观、人生观、价值观的教育方法，简单地说，就是通过马克思主义基本原理、思想观念的传授、学习、宣传进行教育的方法。思想政治理论课理论教学方法是思想政治理论课教学中最常用、最基本、最重要的教学方法，通过教师课堂的理论讲授、理论学习、理论宣传和传播、理论研讨与理论培训等主要方法，运用科学的理论来教育学生，启发学生，武装学生的头脑，使之成为具有较高的思想政治素质、道德品格和法律素质的合格建设者和可靠接班人。

思想政治理论课理论教学方法是思想政治理论课教学最根本的方法，也是当前教学的主要方法。在思想政治理论课教学中，理论教育、理论学习是基础，是前提，不进行理论学习的教育是肤浅的。理论教育法就是进行理论学习的方法与策略。之所以要有理论教育法，是因为政治理论、思想观念、道德原则等精神文化，有其自身的发展规律和特殊作用，这就是意识的相对独立性和它对社会存在的反作用。这种相对独立性和反作用在人的思想和行动方面的表现，就是人的自觉能动性。人的思想、精神，不仅体现了人的本质特征，而且具有巨大的能动作用。理论教育、理论学习具有重要作用。人的自觉能动性理论，说明了人对理论、思想、精神的需要与追求，而这种需要与追求的途径和方式，就是理论教育法或理论学习法。

思想问题，首先需要从理论上弄清楚。理论上没有弄清楚，教育往往是嘴服心不服；只有在理论上讲深、讲透，让学生知其然而且知其所以然，才能达到心服口服。思想政治理论课讲授的内容是马克思主义理论，对马克思主义理论的讲授，只能通过理论本身内在的逻辑以及逻辑和事实的力量进行讲授。这种讲授是教师的职责，是教师对学生的一种教育；当然，学生在教师的指导下，通过自己的努力学习，也可以达成自我教育的目的。马克思、恩格斯认为，理论灌输是工人阶级掌握科学理论的一条重要途径。马克思主义认为，作为人类先进的、科学的社会主义意识是不能自发产生的，必须通过系统的学习教育才能把握。无论如何，理论教育方法是一种从外到内的教育方法，只是方式不同而已。现实中，人们一提起"灌输"就会无原则地反对，这是一种错误的观念。其实，学习本身就是一种灌输，这无外乎是外面灌输，还是自我灌输的问题。其实，理论教育方法并不是简单的灌输教育方法，而是一种说理教育方法，把理论讲清楚的方法。

因为任何科学理论都不是自发形成的，科学社会主义思想体系也不可能在人民群众的实践活动中自发产生，只有通过各种形式的灌输，才能为人民群众所接受和掌握。只有进行理论教育，才能引导人们超越个人、家庭和单位利益的局部意识，用集体主义和共产主义意识武装自己，认识社会和国家的整体利益，认清自己的历史地位，理性把握自己的社会责任。不进行理论教育，就无法使人民群众认识真理，就不能把党的正确路线方针政策变成广大人民群众的自觉行动。

在现实生活中，青年学生的世界观形成和思想的发展变化，总是要受到外界各种观点、思潮的影响，其中，既有先进的或进步的思想、理论，也有腐朽的或落后的思想、理论。理论教学或灌输教学则可以有意识、有目的地让先进的思想、理论发挥主要影响作用，使社会主义核心价值观在人们的现实生活中起支配作用，从而引导人们选择正确的思想方向发展。今天我国社会正处于现代化转型、中国特色社会主义市场经济改革深入发展、"一带一路"全面扩大开放、信息化智能化社会飞速发展的新的历史发展时期，各种政治风险性因素和消极腐败现象依然不断影响着人们的思想价值观念，因此更加需要强化高校思想政治理论课理论的教育方法，这样才能确保马克思主义理论和中国特色社会主义理论体系的主导地位，确保习近平新时代中国特色社会主义思想进课堂、进教材、进大脑，使大学生把自己的青春梦与民族复兴的中国梦融合在一起，转化为积极投身新时代中国特色社会主义伟大事业的自觉行动。

进入新时代，高校思想政治理论课要通过理论教学方法的创新发展，充分发挥理论教育主渠道和核心课程的功能，努力实现立德树人的培养目标。这就需要思想政治理论课教师根据教学大纲要求和教材章目内容，在庞大的教材体系中寻找与社会现实热点相衔接、与理论难点相衔接、与学生专业相衔接、与中央精神相衔接的教学专题。理论教学方法的创新发展必须遵循高校思想政治理论课的基本性质和特殊要求，紧紧把握立德树人、培养中国特色社会主义现代化发展的合格建设者和可靠接班人这一高等教育目标。因此，新时代高校思想政治理论课理论教学方法必须做到以下三个基本遵循：

（1）马克思主义理论是高校思想政治理论课理论教学方法的理论基石。对于思想政治理论课建设而言，教学是过河，方法是桥梁，要提高教学质量，方法对头是关键。无论是在革命战争年代还是在社会主义建设时期，还是在改革开放时期，马克思主义理论始终是我国思想政治教育及其方法的指导思想和根本方法论。高校思想政治理论课理论教学方法要始终坚持马克思主义理论指导，否则，思想政治理论课就会失去灵魂，迷失方向，最终也不能发挥应有作用。

坚持马克思主义理论指导，体现在理论教学方法的运用和发展中，首先要坚持辩证唯物主义和历史唯物主义观点和方法，具体包括：个别与一般相结合的方法；归纳与演绎相结合的方法；分析与综合相结合的方法；逻辑的和历史的相结合的方法。教师要通过理论教学，使这些方法成为学生认识问题、观察问题和解决问题的思维方法和学习方法。其次，要坚持用马克思主义的人学理论指导理论教学方法的运用与发展。马克思主义人学思想博大精深，涉及人性、人的本质、人的主体性、人的需要、人的价值、人权、人的自由民主平等公正以及人的发展等重大理论问题。思想政治理论课理论教学方法也要从"现实的人"出发，要贴近实际、贴近生活、贴近学生，把解决思想问题与解决实际问题结合起来。理论教学要围绕学生、关照学生、服务学生，不断提高学生的思想水平、政治觉悟、道德品质、文化素质，让学生成为德才兼备、全面发展的人才。最后，要坚持用马克思主义交往实践理论指导理论教学方法的运用与发展。教育是一种主体之间以客体为中介进行的交往实践活动，人在交往实践中生成自由的人。交往实践的发展水平成为人的发展的重要尺度。思想政治理论课教学是交往实践活动的一种重要形式。交往实践使师生之间形成了交往共同体，在解释、理解和参与中达成思想观念的共识和行为一致，在相互交流交往的教育实践中实现了教育者"教"与教育对象"受"的互动转化。以马克思主义交往实践理论为指导，思想政治理论课理论教学方法将实现从单一灌输和传授到师生之间的双向互动模式的转变，最终推动学生思想品德的形成与发展。

（2）中国化马克思主义理论是高校思想政治理论课理论教学方法的重要理论。解放思想、实事求是、与时俱进是中国化马克思主义理论一以贯之的实质和核心，是中国共产党在革命、建设、改革中发展起来的思想路线，是指导中国特色社会主义事业的根本指导思想。思想政治理论课理论教学必须坚持解放思想、实事求是、与时俱进的思想路线，保证理论教学方法与时俱进向前发展。高校思想政治理论课理论教学方法的与时俱进，必须做到解放思想和实事求是。一是在坚持马克思主义指导的基础上进行理论创新，积极运用新理论，促进新理论成果向思想政治教育方法论原则和具体方法的转化。二是理论教学要不断适应社会发展和人的发展实践要求，根据新的实践需要来丰富和发展思想政治理论课教学方法。三是理论教学方法的与时俱进，就是要不断研究新情况、探索新规律、解决新问题。思想政治理论课理论教学方法总是同一定时代内容、环境状况和对象特征相适应的。随着我国改革开放的深入社会主义市场经济的建设，思想政治理论课教学赖以存在的社会历史条件发生了巨大变化，人们的思想活动、价值取向、行为方式等表现出新的特点与规律。高校思想政治理论课理论教学方法只有与时俱进，及时适应环境变化、实践发展要求以及学生特点的变化，才能有的放矢，体现其针对性和实效性。

（3）习近平新时代中国特色社会主义思想是高校思想政治理论课理论教学方法的根本遵循。进入新时代，面对全面建成小康社会的决胜期和建设中国特色社会主义现代化强国的民族复兴的伟大征程，习近平新时代中国特色社会主义思想作为中国化马克思主义的最新理论成果，成为高校思想政治理论课理论教学方法的时代遵循。做好思想政治工作，要因事而化，因时而进，因势而新。新时代高校思想政治理论课理论教学方法的运用与发展，要遵循习近平新时代中国特色社会主义思想的指导，需要把握以下三方面：一是要体现继承性、民族性。中华文化绵延几千年，要在吸收外来文化、面向未来时，坚持不忘本来，善于继承和弘扬中华优秀传统文化精华，坚定文化自信。要通过理论教学在课堂中挖掘和阐发与当代文化相适应、与现代社会相协调的中华民族的文化基因，向学生传播与弘扬那些跨越时空、超越国界、富有永恒魅力、具有当代价值的民族文化精神，让中华文明同各国人民创造的多彩文明一道，为青年学生提供正确的精神指引。要围绕我国和世界发展面临的重大问题，着力提出能够体现中国立场、中国智慧、中国价值的理念主张、方案。让广大学生在与其他国家文化的比较、对照、批判、吸收、升华的基础上，了解中华文化更加有能力为解决世界性问题提供思路和办法，增强民族自豪感。二是要体现原创性、时代性。新时代高校思想政治理论课教材增加了许多反映全面深化改革、扩大对外开放过程中我们党在理论与实践中形成的具有原创性、时代性的最新成果。理论教学方法的运用与发展要紧盯中国改革发展的时代主题，形成自身教学方式的特色和优势。没有原创性、时代性，思想政治理论课理论教学就不可能有自身的特色和优势，也揭示不了当代中国的伟大社会变革。要从我国改革开放和社会主义现代化建设的实践中挖掘教学新材料、发现教学新主题、提出教学新方案、构建教学新模式。理论教学要着力于加强对发展社会主义市场经济、民主政治、先进文化、和谐社会、生态文明，以及党的执政能力等方面的内容分析阐述，着重加强对中国共产党治国理政新理念新思想新战略的阐释指引，这样才能更好地激发学生的学习激情。生搬硬套、刻舟求剑、照本宣科的方式毫无价值。三是要体现系统性、专业性。高校思想政治理论课涉及本科生四门课程、专科生三门课程、硕士生1+1（2选1）、博士生1+1（选修）以及各地各校开设的思想政治理论课选修课。课程内容涉及马克思主义哲学、政治经济学、历史学、道德和法律等多学科多领域。思想政治理论课的理论教学既要体现系统性，明确各门课程之间的理论内容的区别，又要依照专、本、硕、博不同层次学生的认知特点和发展需要，区分相关内容的难易程度和理论深度，更要结合不同学科和专业的学生培养目标，理论教学有所侧重，有所倾斜。理论教学方法要做到有的放矢，把握不同的教学要求。要依据不同学生的发展需要，编写有特色的、专业性强的高校思想政治理论课理论教学教案，采用符合新时代青年学生心理特点和思想发展规律的理论教学方法实施理论教学，这样理论才能真正吸引人、引导人、激励人。青少年是祖国的未来、民族的希望。我们党立志于中华民族千秋伟业，必须培养一代又一代拥护中国共产党领导和我国社会主义制度、立志为中国特色社会主义事业奋斗终身的有用人才。在这个根本问题上，必须旗帜鲜明、毫不含糊。高校思想政治理论课的质量直接关系到高校培养什么样的人，如何培养人以及为谁培养人这个根本问题。新时代高校政治理论课的理论教学，对于坚持马克思主义理论指导，全面贯彻新时代党的高等教育方针，落实立德树人的根本任务，培育新时代中国特色社会主义事业的合格建设者和可靠接班人具有十分重要的作用。

青年的价值取向决定了未来整个社会的价值取向，而青年又处在价值观形成和确立的时期，抓好这一时期的价值观养成十分重要。新时代青年学生要从现在做起、从自己做起，使社会主义核心价值观成为自己的基本遵循观念，并身体力行大力将其推广到全社会去。面对世界的深刻复杂变化，面对信息时代各种思潮的相互激荡，面对纷繁多样的社会现象，面对学业、情感、职业选择等多方面的考量，大学生要学会在科学理论指导下树立正确的人生观，把自己的人生追求同国家发展进步、人民伟大实践紧密结合起来，通过不懈努力实现人生价值。通过有虚有实、有棱有角、有情有义、有滋有味的理论教学，不断提升思想政治理论课的亲和力和针对性，提高大学生对思想政治理论课的获得感。

理论教学方法虽然是高校思想政治理论课最常用、最普遍的方法，但在运用时也是有条件的，离开了一定条件，这个方法就有局限性。在使用理论教学方法时，教育者和受教育者首先要完整准确地理解马克思主义和中国化马克思主义理论，特别是习近平新时代中国特色社会主义思想的重要内容，全面正确地领会和掌握党的路线和方针政策。若断章取义、只言片语、歪曲篡改，不仅不能形成正确的思想和科学的世界观、人生观、价值观，还会导致思想理论上的混乱和行动上的错乱。其次，运用理论教学方法一定要联系实际，善于引导人们运用马克思主义立场、观点和方法观察问题、分析问题和解决问题。不断增强高等学校思想政治理论课教育教学的针对性、实效性和说服力、感染力。不能空讲道理、死记概念；否则，教育就会出现脱离实际的机械的教条主义倾向。最后，运用理论教学方法时，要能够寓情于理，激发受教育者学习的情感和兴趣，启发受教育者的积极思维，使教学生动活泼，富有吸引力，防止教学出现形式主义的倾向。

总之，进入新时代，高校思想政治理论课理论教学方法只有做到有虚有实、有棱有角、有情有义、有滋有味，才能成为让学生真心满意和终身受益的核心课程，才能发挥立德树人、培养中国特色社会主义的时代新人的教育功能。

第二节 高校思想政治理论课理论教学方法的类型与特征

一、高校思想政治理论课理论教学方法的类型

高校思想政治理论课理论教学方法（或灌输教学方法）多种多样，一般包括理论讲授、理论学习、理论宣传和传播、理论研讨与理论培训等主要方法。

（一）理论讲授方法

理论讲授也叫理论讲解，是指教育者通过课堂教学，用语言、文字、图片或多媒体设备向受教育者讲授或讲解系统的思想政治理论知识，解释政治和伦理概念，论证哲学、政治和科学社会主义原理和道德原则，阐述思想发展变化规律的教学方法。它是一种通过他人灌输的系统学习理论知识的方法，是使用最多、运用最广的一种理论教学方法。这种方法特别适用于初学者，可以在较短的时间内初步掌握马克思主义基本理论和中国特色社会主义理论体系，为学生今后的发展奠定思想理论基础以及形成基本的道德法律素质。思想政治理论课针对理论问题进行讲授，必须充分了解并尊重学生的个性特征和思维习惯，尽力避免用晦涩难懂的抽象话语进行讲解，要在深刻理解教材内容的基础上，尽量用通俗易懂的话语去讲授比较抽象的理论内容，以达到"润物细无声"的良好效果。理论讲授一般可以分成两种方式。一是讲解，就马克思主义理论和中国特色社会主义理论体系中的哲学、政治和伦理道德概念和范畴、对党的理论路线方针政策等，进行系统而严密的解释、论述，并结合现实情况现实问题用理论进行科学分析，从而引发学习者思考体会。这种方法往往在政治理论教育、形势教育和伦理教育中运用较多。二

是讲述，其侧重于对某些政治现象、道德情境或历史事件的发生发展过程进行生动描绘和述说，或者针对某些历史人物评传材料进行说明，使受教育者知晓明了，并且产生鲜明的政治倾向、历史态度和思想道德情感。这种方法常常运用在爱国主义教育、革命传统教育和道德法律教育中。在理论讲授方法中，讲解和讲述往往是结合在一起运用的。运用理论讲授方法，首先要注意讲述的内容要真实正确，讲解的理论、概念要科学，符合逻辑。其次理论讲授既要全面系统，体现整体性，把握体系；又要抓住重点和主要特点，突破难点，找到理论与实践的结合点，增强教育的针对性。最后，理论讲授要做到以理服人，而不仅仅是单一灌输，要采用启发式，循序渐进地进行理论分析和引导，防止填鸭式和注入式。总之，把理论的彻底性、概念的逻辑性、原理的科学性结合起来，才能体现理论的正确性，理论讲授方法才能更好地发挥作用。

（二）理论学习方法

理论学习是指人们通过有组织、有计划地集体学习或个人自觉学习从而掌握马克思主义理论、中国特色社会主义理论体系和党的路线方针政策的方法，是一种自我灌输的教育方法。思想政治理论课的理论学习，是指在教师的指导下，学生通过阅读马克思主义的经典著作、中国传统文化和世界优秀文化著作、社会主义革命和建设的文化和改革开放先进文化成果以及新时代中国特色社会主义最新文化成果，从而掌握马克思主义基本原理，学会运用新时代中国特色社会主义的立场、观点和方法，理性看待我国社会变革与发展，领会党的路线方针政策，做坚定跟党走的行动自觉者。思想政治理论课的理论学习不能仅仅以一篇简单的读书笔记或读书报告作结束，更应该把理论学习作为一项学习的系统活动进行科学的精心设计。要围绕理论学习要达成的目标，结合社会生活的实际问题和热点难点，科学地选择学习的内容和设计学习的步骤环节，通过集体分工寻找学习资料，进行共同学习或个体自觉学习，利用撰写文字报告、提供图片信息、发送电子邮件、制作微电影和微视频、发微博推送等多种方式传递和分享理论学习成果，科学测评和反馈理论学习的形式和效果。新时代探索这种立体化的理论学习方法，将极大增强高校思想政治理论课的实际效果，大大增强学生的获得感和满意度。

（三）理论宣传和传播方法

理论宣传是指运用传播媒介和舆论工具向人们传输马克思主义理论、中国特色社会主义理论、党的路线方针政策等先进思想文化的教学方法，是一种普遍宣传的方法。这种方法主要通过系统的理论讲座、读书辅导以及专题节目来宣传某一方面的理论和思想，引起人们重视和思考，引导群众全面领会并贯彻执行。在现代网络移动通信发达的今天，理论宣传方法借助各种传播工具，覆盖面大，影响范围广泛，能形成强大的理论学习舆论氛围，促进和指导社会成员自觉地进行理论学习。高校思想政治理论课的理论宣传和传播，是指利用现代互联网技术和移动通信平台，把教师进行理论讲解的课程内容精心制作成的慕课、微课，以及学生理论学习形成的微电影、微视频等多媒体成果，在学生群体之间进行演示宣传并传播流行的一种教学方法。过去，人们常常认为理论宣传和理论传播属于口头鼓动和文字灌输的形式，是新闻宣传部门采用的手段。随着现代信息技术的发展，人们越来越意识到新闻传播和思想宣传工作中的社会主义意识形态主导的重要性。高校思想政治理论课也需要适应现代信息传播技术的发展，重视通过现代网络技术和移动通信技术开展马克思主义和中国特色社会主义理论网络宣传和传播。比如，邀请大学校长书记进课堂结合社会生活实际，进行思想政治理论课网络专题教学；邀请专家学者开设理论专题网络辅导报告，进行线上线下理论交流；教师对思想政治理论课的某些内容精心制作微课挂网或课堂教学呈现；把学生理论学习的思想心得与体会以及读书笔记收录、编辑出版或制成电子成果共享等。正如过去在教室和校园里有学习园地等板报栏一样，现代信息传播条件使思想政治理论课的理论宣传和网络传播成为可能，并在扩展思想政治理论课理论教学方法的功能方面大有前途。

（四）理论研讨与理论培训方法

理论研讨是指邀请专家学者或有专业研究兴趣的学生就某一些特定的理论主题及其反映的现实问题进行集中式的理性探讨、自由交流的教育方式。这种方式一般会提前设定研讨的主题或主要问题，供参与者前期进行理论思考，提交研讨交流的发言提纲或论文报告。因为理论研讨需要学生提前准备，且其组织形式较复杂，操作有难度，以往高校思想政治理论课教学一般不太重视理论研讨方法。今天，随着网络信息平台的普及，学生可以轻松自由地收集各种理论文献信息，并在教师指导下开展前瞻性理论调研，撰写调研报告或小论文，制作 PPT 或调研视频微电影等进行研讨交流。高校思想政治理论课通过课堂式理论研讨，让学生进行理论交流、思想碰撞、观念对话和价值选择越来越成为常态。理论研讨不同于教师的课堂宣讲，通过把课堂变成研讨会，让学生和教师一样成为研究者（教育教学活动的主体），有利于发挥其潜能和创造力，对于学生群体的团队合作以及强化其研究性学习的习惯都有很重要的作用。理论培训是指对一些有特定政治学习兴趣的学生群体（如，马克思主义研究学习班、青年马克思主义学习班等）或者党团组织的骨干或积极分子，通过开设专门的课程或专题的方式，就重大理论问题结合现实情况，进行集中培训，以提高其思想政治理论素养的方法。高校思想政治理论课教师承担着大量的理论培训任务，特别是党的十九大召开后，高校思想政治理论课教师成为宣传和传播十九大报告精神的各种培训工作的主力军。

二、高校思想政治理论课理论教学方法的本质特征

高校思想政治理论课理论教学方法的本质特征是其区别于其他教学方法的内在特征，是思想政治理论课基本特征在教学方法上的延伸和扩展。把握和运用思想政治理论课理论教学方法，就必须紧紧把握和深刻理解其本质特征。思想政治理论课理论教学方法的本质特征决定着理论教学方法如何运用，决定着在理论教学过程中必须要遵循的基本教学原则。思想政治理论课理论教学方法的基本原则是其本质特征在教学活动中的具体体现。

（一）理论与实际相结合是高校思想政治理论课理论教学方法的本质特征

理论与实际相结合是高校思想政治理论课的本质特征和内在要求，同样决定着其理论教学方法的运用。理论教学方法作为高校思想政治理论课的最基本、最普遍使用的教学方法，其最本质特征就在于它结合实际的理论性，这是坚持实事求是，一切从实际出发的必然要求。

从理论层面上看，理论与实际相结合，正是马克思主义理论生命力所在。从马克思主义的发展历史看，马克思主义理论从创立、一国实践发展到多国实践发展、中国化马克思主义产生发展与创新，之所以生气勃勃，战无不胜，具有无限生命力，就在于它与客观实际相统一，它从实践中产生，反过来指导实践，并在实践中得到检验。一旦脱离实际，理论就成为无源之水，无本之木，变成僵死的毫无作用的东西。通过实践而发现真理，又通过实践而证实真理和发展真理。从感性认识能动地发展到理性认识，又从理性认识而能动地指导革命实践，改造主观世界和客观世界。理论与实际相结合是马克思主义自身发展的要求。当代中国马克思主义——中国特色社会主义理论的形成和发展，特别是新时代中国特色社会主义理论的最新成果，就是理论与时俱进的产物，是建立在我国改革开放和中国特色社会主义经济建设的成功实践基础上的理论与实际相结合的典范。

从高校思想政治理论课的教学活动过程来看，教学过程就是学生认识世界的一种形式，对已知真理的掌握是人类认识世界的一条捷径，可以避免重复人类在认识发展上所经历的错误与曲折，以最便捷的方式知晓世界并改造世界。但现成的书本理论知识，具有抽象性、概括性和整体性等特点，需要与生活实际相结合，才能真正运用于人的认识世界和改造世界之实践活动中。因此，教学的过程就是要启发、引导和帮助学生把书本的理论知识与个人的感性经验以及已有的理论知识逻辑地联系起来，这些书本的理论知识才能真正被学生所理解和掌握。高校思想政治理论课教师也需要在教学的过程中，指导、启发和鼓励学生把马克思主义理论、中国特色社会主义理论以及习近平新时代中国特色社会主义思想与自己所处新时代的实际生活感受、个人的人生经历和理想追求紧密结合。只有理论与实际相结合，高校思想政治理论课的教学活动才能真正取得实效。

从学生的学习目的看，学习理论的目的就在于应用。读万卷书，行万里路，求知目的在于践行。高校思想政治理论课的教学目的，就是不仅要学生真正系统地理解和掌握马克思主义理论，更重要的是培养学生在纷繁复杂、多样变化的社会环境中具有敏锐的政治鉴别意识，能够自觉地运用马克思主义立场、观点和方法解决实际问题，把握正确人生方向。因此，培养学生马克思主义理论素质与实际工作能力是高校思想政治理论课所追求的教学目标。

（二）高校思想政治理论课教学的理论性与现实性

理论与实际相结合作为高校思想政治理论课理论教学方法的本质特征，要求高校思想政治理论课运用理论教学方法时，要坚持理论性与现实性相统一的原则。

1. 坚持高校思想政治理论课的理论性

马克思主义理论最大的特点就在于其理论性，理论是重要的。中国新民主主义革命、社会主义建设以及改革开放、中国特色社会主义现代化发展，都是在马克思主义和中国化马克思主义指导下取得胜利与发展的。人的实践也总是受一定的思想、理论支配的。思想、理论可以确定目标和引领方向，成为人们的精神驱动力。人的科学的世界观人生观和正确的价值观不能自发形成，需要科学理论的引领与指导。今天在中国特色社会主义进入新时代的条件下，依然需要通过各种不同的方式和途径向人们宣讲马克思主义和中国化马克思主义理论，这样才能使人们在头脑中确立科学的世界观和方法论。这是因为，马克思主义不仅是揭示人类社会自然界以及人类思维发展规律的理论，还是一个完整的理论体系，内容博大精深，任何一个人都不可能自发地产生。马克思主义理论代表无产阶级整个阶级利益和人类发展的美好目标的理论，中国化马克思主义理论则始终代表中国最广泛人民群众的根本利益和长远发展的美好目标，超越了一切个人的、小团体的利益与观念，是最先进、最彻底的理论。因此，中国化马克思主义理论需要人们反复学习、科学运用，才能入脑、入心直到践行，被人们真正掌握。高校思想政治理论课目的就是要讲政治，要让学生认清中国政治现状。所谓政治，就是指一定的阶级或社会集团基于其根本利益，调节社会关系，制定政策，谋求和维护国家政权，并运用政权治理国家和社会的全部活动。在现实生活中，政治也引申为党和国家在国家生活、政治关系中的大政方针或者发展大局。高校思想政治理论课就是要把马克思主义和中国化马克思主义理论与基本观点传授给学生，让学生理解和把握当代中国政治制度，从而树立中国特色社会主义道路自信、理论自信、制度自信和文化自信，培育社会主义核心价值观，把学生培养成为中国特色社会主义事业的合格建设者和可靠接班人。

2. 坚持高校思想政治理论课的现实性

各高校应该切实调动教师教学主导和学生学习主体的两个积极性，教师必须教好，学生必须学好，各级领导必须管好；要切实抓好课堂讲授这一教学的基本环节。任何一门课程的设置与教学都有其现实性基础，高校思想政治理论课尤为如此，它是社会政治矛盾和社会关系的理论表现。高校思想政治理论课如果脱离了实际，就变成了空洞的说教，也就不会成为指导人们行动的巨大力量。高校思想政治理论课只有紧密联系现实，才有其生命力与发展的动力。

中国现在最大的实际，即中国现在正处于全面建成小康社会的关键阶段，中国特色社会主义进入新时代，这是高校思想政治理论课教学现实基础。

中国特色社会主义进入新时代，意味着近代以来久经磨难的中华民族迎来了从站起来、富起来到强起来的伟大飞跃，迎来了实现中华民族伟大复兴的光明前景；意味着科学社会主义在 21 世纪的中国焕发出强大生机活力，在世界上高高举起了中国特色社会主义伟大旗帜；意味着中国特色社会主义道路、理论、制度、文化不断发展，拓展了发展中国家走向现代化的途径，给世界上那些既希望加快发展又希望保持自身独立性的国家和民族提供了全新选择，为解决人类问题贡献了中国智慧和中国方案。思想政治理论课理论教学必须体现和反映新时代中国特色社会主义发展的内在逻辑和现实境遇。

第二个实际是中国共产党正在带领人民实现中华民族伟大复兴，这是近代以来中华民族最伟大的梦想。中国共产党一经成立，就把实现共产主义作为党的最高理想和最终目标，义无反顾地肩负起实现中华民族伟大复兴的历史使命。虽然和平与发展依然是当今世界的主流，但中国的和平崛起和复兴发展，必然会面临世界范围内的各种敌对势力和不友好国家的阻挠和干扰，妄图打乱中华民族复兴的步伐。要实现伟大梦想，必须进行伟大斗争，必须推进党的伟大工程建设，必须始终坚持和发展中国特色社会主义伟大事业。全国人民要更加自觉地坚持党的领导和我国社会主义制度，坚决反对一切削弱、歪曲、否定党的领导和我国社会主义制度的言行；更加自觉地维护人民利益，坚决反对一切损害人民利益、脱离群众的行为；更加自觉地投身改革创新时代潮流，坚决破除一切顽瘴痼疾；更加自觉地维护我国主权、安全发展利益，坚决反对一切分裂祖国、破坏民族团结和社会和谐稳定的行为；更加自觉地防范各种风险，坚决战胜一切在政治、经济、文化、社会等领域和自然界出现的困难和挑战。高校思想政治理论课理论教学要深刻阐述和客观分析实现这一历史使命将面临的客观困难和艰巨挑战，科学引导和鼓励青年学生积极投身于这一场伟大梦想、伟大斗争、伟大工程和伟大事业之中。

第三个实际是，高校思想政治理论课的教育对象是 21 世纪出生的，在改革开放、知识信息时代、中国特色社会主义现代化建设中成长的青年一代，他们中大多数是独生子女，除了一般青年人所具有的敏锐与活力、热情与冲动等特征外，还带有这一代人所独特的信息认知方式和生活模式，表现出新时代青年学生具有的新的思维和行为特征，他们身上优势和缺点同时并存。

人们的观念、观点和概念，一句话，人们的意识，随着人们的生活条件、人们的社会关系、人们的社会存在变化而变化。意识在任何时候都只能是被意识到了的存在，而人们的存在就是他们的现实生活过程。如果在全部意识形态中，人们和他们的关系就像在照相机中一样是倒立成像的，那么这种现象也是从人们生活的历史过程中产生的，正如物体在视网膜上的倒影是直接从人们生活的生理中产生的一样。高校思想政治理论课理论教学方法就必须从这些实际出发，遵循实事求是的原则，从方法论的高度，转变教学思想，认真梳理与区分学生的不同需求状况和觉悟层次，选择适当的教学方式和教学手段，努力取得事半功倍的效果。

3. 坚持高校思想政治理论课理论性与现实性的统一

马克思主义是在实践中产生和发展的，并不断接受实践的检验，这体现了它的科学性和革命性。高校思想政治理论课以马克思主义理论为指导，必须坚持做到理论性与现实性的有机结合。因此，思想政治理论课运用理论教学方法时要做到以下四点。

第一，从实际出发，运用马克思主义的立场、观点和方法，特别是习近平新时代中国特色社会主义思想去研究分析和指导解决青年学生成长成才的实际问题，或者把实践中的经验进行科学总结，上升到理论高度，使之具有科学形态。这种统一，既注重理论又注重实际，并把实际作为理论讲授、理论学习、理论宣传的传播和理论研讨培训的出发点和归宿。这样才能防止和克服教条主义讲空话、不务实的说教，又能防止和克服经验主义轻视理论价值的倾向。

第二，从人民群众的根本利益和基本需求出发，这是我们国家意识形态的根本特征。以人民为中心的发展理念也是我们党的一贯宗旨。思想政治理论课在理论教学中也要体现以学生为中心的理念，反映学生成长成才的愿望和呼声，并且要指导学生实际生活。运用理论教学方法，要根据学生的切身体会、思想觉悟程度和文化水平来进行，要通过能够引起学生的兴趣、热情和积极性的现实生活事例进行理论分析和理论指导，并依据学生的反应及时调整理论教学的具体内容与指导方法，在与学生打成一片的基础上逐步提升他们的思想政治素质、道德素质和法律素质。

第三，把灌输与疏导结合起来。科学的疏导是指通过广开言路、因势利导的方式，把人们的各种不同的思想和言行引导到正确的轨道。疏导脱离了灌输，就会迷失政治方向；灌输忽略了疏导，也不能很好地发挥其教育群众的功能。运用思想政治理论课理论教学方法，要倡导启发性，在进行理论灌输的过程中应按照平等原则和参与原则来激发教育对象的主动性和创造性，改变"我说你听""我打你通"的被动灌输方式，坚持说服教育，积极引导，促进学生主动学习，使学生实现由"要我学"到"我要学"的高度飞跃，理论教学方法才能事半功倍，取得预期的良好效果。

第四，接受实践的检验。实践需要理论的指导，同时它是检验理论的标准以及进一步丰富和发展理论的源泉。理论不同于空谈、吹牛甚至撒谎，就在于它要接受实践检验。思想政治理论课理论教学的内容往往是完整而正确的理论体系，因此，运用理论教学方法必须坚持联系的观点和发展的观点。学习理论既要有针对性，有的放矢；又要力戒各取所需，断章取义。由于客观存在的实际事物都是多样性的统一，分析现实问题，既要看到不同事物具有各自的特点，不能用一般的公式来代替对它们的认识，又要把它们看成是相互联系的整体，从客观事实的总体和普遍联系出发去认识研究，而不能仅从个别推导出一般。同样，事物总是运动、变化、发展的，需要用发展的观点认识事物，在运动中把握事物，防止思想僵化。时代发展了，人们的思想观念也要随着变化，在理论讲授和现实研究中，既要借鉴以往的理论成果，又要对社会发展趋势有所预见，充分发挥理论分析高瞻远瞩、俯察万物、指导方向的巨大作用。

第三节 高校思想政治理论课实践教学方法

思想政治理论课虽然是"理论课"，却因其有"育人"的主旨而不能脱离实践。从学习理论到获得认知，从获得认知到形成"三观"，实践教学起着重要作用。而实现或达到实践教学的效果，还有一个方法论问题，这就是实践教学方法。所谓实践教学方法，就是把实践纳入教学计划，采取教学的形式，组织、引导学生积极参加多种实践活动，不断提高思想觉悟和认识能力的方法，即在认识客观世界、改造客观世界的过程中同时改造自己主观世界的方法。实践教学方法是诸多方法中能够贯穿思想政治理论课全过程的、可能产生最大实效的基本教学方法，在一定程度上直接影响着课堂上讲授思想政治理论课的有效性。

一、高校思想政治理论课实践教学方法的理论基础

实践教学方法的理论渊源，与古今中外先贤的实践教育思想是分不开的。人们以实践教育思想指导人才的培养过程，产生了实践教育。实践教育是指围绕特定的教育目的，以教育对象亲身体验为主要手段，将实践的基本要素运用于培养人才的验证性、研究性、探索性等活动的综合性教育过程。高校思想政治理论课实践教学过程和人类社会实践过程的关系，是个别与一般的关系。作为实践教学指导教师，只有认识实践教学过程与人类社会实践过程的相同点和不同点，才能科学地组织高校思想政治理论课实践教学过程，提高高校思想政治理论课实践教学质量。实践教育的范围很广，包括了生活实践教育、生产实践教育、学校实践教育等范畴，而实践教学则是实践教育在人才培养的主要环节——学校教育环节的产物和具体运用。就实践教育和实践教学二者关系而言，实践教育涵盖了实践教学，实践教育方法的原则一般通用于实践教学方法；实践教学是实践教育的一个主要部分，实践教学方法体现着实践教育方法；实践教学、实践教育中蕴含着实践教学方法，两者统一在教学的全过程。

从哲学理论而言，围绕着认识与实践之间的关系，诸多思想流派和体系都认识到了实践对于认识进而对于教育的作用。实践与认识的关系，即中国古代教育家关注的"行"与"知"的关系。我国优秀传统文化资源为高校思想政治理论课实践教学提供了丰富的文化资源和理论支撑。宋明以来，倡导实践教育的思想家趋增。宋代的朱熹，明代的王守仁、王廷相，清代的黄宗羲、王夫之等人无不如此，王守仁提出的"知行合一"的观点影响后世颇深，王夫之则认为该"行先知后"。不论中国历代知识分子如何看待行知先后的问题，都离不开一个实践教育的主题，即"知"和"行"是不能分开的。教育家陶行知概括二者关系为"行是知之始，知是行之成"，又形象概括为"行

动是老子，知识是儿子，创造是孙子"，极度推崇了实践教育的首要地位。

从教育实践而言，近代以来中西方逐渐形成了倡导教育与生产生活相结合的实践教育流派，颇具影响力。近代西方自文艺复兴以来，人文主义思想蓬勃发展，重知识轻实践、重传授轻体验的传统教育受到了质疑和挑战。拉特克、夸美纽斯、卢梭等人受培根尊重经验、重视自然的观察研究思想的影响，倡导"自然主义""经验主义"的教育思想。这样，通过反复训练或注重参与体验等方式对受教育者施行了实践教育的尝试。伴随着机器大工业的发展，西方教育界也掀起较为彻底的反思和改革传统教育的浪潮，其中，倡导民主主义教育思想的美国教育家杜威的思想影响巨大。

没有实践就不会有认识，实践在认识世界和改造世界中起着决定性作用，是马克思主义经典作家一脉相承的认识论观点。正确的认识能够有效指导人们的实践，实践联结着主观和客观。

二、高校思想政治理论课实践教学方法的类型

高校思想政治理论课实践教学方法，是依据思想政治理论课实践教学的内涵、特性与要求，贯彻落实思想政治理论课实践教学目的而采用的教学方法。该方法多种多样，根据理论知识的内容和特点，选择合适的方法或方法组合，是实践教学可以顺利进行并成功的起点。依据实践教学的场所，可以分为课堂实践教学方法、校园实践教学方法、社会实践教学方法、网络实践教学方法等，其中，前三类有实时、实地、实体的特点，网络实践则是随着互联网的普及而兴起的虚拟实践。依据实践教学的形式，可以分为课堂讨论和辩论、案例教学（翻转课堂）、情境模拟、阅读及写作、校园文化、社会调查、基地教育实践教学方法等，虚拟实践则有论坛发言、微信博文撰写等。这些实践形式大多并不严格地从属于某个实践场所，同一个实践场所可以采用不同的实践形式，同一个实践形式也可用在不同的实践场所。这几种形式也可全部适用于思想政治理论课的四门主干课程。下面以实践场所作为分类标准，对不同的实践教学方法进行描述。

（一）课堂实践教学方法

课堂实践，是指利用思想政治理论课的课堂，在日常理论授课时突出实践性教学设计，强调学生参与性的实践教学方法，它是所有实践教学形式中最基础、最普遍的部分。课堂实践与另外三种实践形式比较，在以下三方

面有较为显著的优势：过程控制、结果反馈、实践成本。第一，便于过程控制。从设计题目、布置选题，到实践过程及完成情况，都在教师的掌握之中。教师可对学生实践过程中的非思想性、非教育性的内容进行纠偏，对学生遇到的困难可及时疏导，能够充分发挥教师在实践教学中的主导性作用，使实践教学过程不会偏离预设目标，为良好的实践结果做好铺垫。第二，便于结果反馈。一般而言，一堂成功的实践教学课，或理论课中的实践环节，都应以教师总结或点评为结尾。教师可在学生的实践中穿插点评，在实践后及时总结，提出表扬，指出不足，提升活动的思想性和教育的价值性，使学生得到及时的反馈以利于他们健康成长。第三，实践成本低廉。一般来说，课堂实践教学与理论教学一样，付出的成本主要是教师和学生的脑力和体力劳动不需要额外的平台、物资、人力等方面的开支，或仅需要较少的开支。这一点对于顺利开展实践教学尤为重要。课堂实践教学方法的主要形式有课堂研讨、翻转课堂、情景模拟等。

1.课堂研讨

课堂研讨含一般性讨论、辩论和案例教学法，这三种具体形式有别，但都以预设话题、布置材料来进行，核心都是以讨论为主以激发学生语言表达能力、思考能力和批判能力，达到理解理论知识并释疑解惑的目的。教师可根据授课内容，针对历史上的、理论中的容易引起困惑或分歧的问题设置题目，可根据现实中的社会热点问题设置题目，可依据学生成长成才中遇到的思想道德上的问题设置题目。讨论题可以在课前布置，也可以在课上提出，辩论题则应在课前提出，留出足够时间进行组织和准备。其实，学生课堂参与的形式多样，不应该拘泥于传统的教学实践方式。在教学过程中，教师如果启发、引导得当，就会全盘激活学生的参与热情。案例教学法则要围绕着某一个或几个具体案例进行，注重以实情实例去启发和引导学生，体现知、情、意、行相统一的教育原则。教师在课堂研讨实践中应始终发挥主导性作用：精心挑选案例，预设话题；及时掌握进度，避免拖沓；及时纠偏，避免离题；激发较大范围内学生的思考和发言，避免仅与少数学生互动；秉持平等态度与学生对话，避免以势压人；着重引导学生透过现象分析事物本质，避免陷入细节纠缠。辩论赛的全程活动可交由学生去组织和完成，教师注重赛后点评即可。课堂讨论可以根据需要经常性举行，辩论赛以一学期不超过一次为宜。

2. 翻转课堂

翻转课堂是 21 世纪在西方教育界出现的新事物，也是互联网时代的产物，其理念越来越被广泛接受。传统课堂一般先由教师在课堂传递信息（传授知识），后由学生消化吸收。由于课堂上有教师的主导和师生的互动，而学生消化知识内化为自身素质和能力的过程是在课后由学生自行完成，完成的质量因学生个体差异而不尽相同。翻转课堂则对学生的学习过程进行了重构，把"传递信息"的阶段前置于课堂教学开始之前，把学生消化吸收的阶段也前置到课堂之前。教师指导学生于课前通过慕课学习、观看相关视频、阅读相关材料等掌握基本知识，同时在学习过程中提出问题，产生感悟。在课堂上教师则可以针对这些问题组织互动讨论，答疑解惑，使知识在学生头脑中深化，内化为自身的知识素养，提升了综合能力。翻转课堂是真正地实现以学生为主体并极大程度扩大参与性的实践教学形式。教师从知识传授者变成了答疑解惑的"导师"，因此，对于习惯了传统教育教学方式的教师来说，也要有个积极转变适应的过程。翻转课堂的实施很大程度上取决于视频资源慕课资源、文本资源的选择和质量，这些资源一般耗资相对巨大、制作要求相对专业，但翻转课堂最有意义的是其传递出来的教育理念和方法，真正实现了以学生为主体，以教师为主导的理想实践模式。

3. 情境模拟

在教学过程中，情境模拟是以情景创造、模拟表演的方式再现课程内容，激发学生的创作能力和表演能力，在过程中学会发现问题、分析问题、解决问题、总结提升，达到理解所学理论的教学目的。穿插使用情境模拟实践形式，结合戏剧、小品、演唱、朗诵等文艺方式，创设模拟真实的历史故事社会热点、典型人物和事件、经典诗歌等情境，使学生在感官刺激中如亲临其境般亲身感受，把感性认识升华到理性认识，可以极大地激发学生学习的兴趣。对于在情境模拟中表现突出的作品，可与校园文化实践相结合，进行集中展示或表演，扩大受教育范围。

（二）校园实践教学方法

校园实践是介乎课堂实践与社会实践之间的实践教学方法，走出课堂之外，但未走向社会。与这两种实践形式相比，校园实践有其优势：一是比课堂实践可以采用的具体方式要多；二是比社会实践更具经济性和安全性；三是有学校各级管理部门和学生自治组织的平台支撑，例如，校宣传部、学工处团委、学生会等部门和组织；四是可以结合校园内已然形成的校园文化形式来开展校园实践，形式丰富多样；五是师生互动较为便利，教师指导较易实现。校园实践教学方法具体表现为如下三方面。

1. 阅读与写作

阅读实践是课堂实践在校园内的延续，而阅读与写作的实践形式，其媒体是书籍或资料，首选经典原著、名家名篇、经典影视作品等；方式为自行阅读或观看，以写作读后感或观后感的形式完成实践教学；读后感或观后感成绩计入平时成绩。学生在课堂上接触到的理论是经过教师提炼后用自己的语言转换过的，不同的教师阐释深浅、阐释水平、阐释重点不一，学生接受程度不一。教师通过在课堂内布置阅读材料，引导和组织学生阅读原著与名篇，鼓励他们接触原始读本、一手资料，写出所读所思所感，促进课堂讲授与学生自学相结合，可以在很大程度上避免上述弊端，达到巩固和强化教师课堂讲授的内容，甚至会激发学生的质疑、批判的学术精神，形成独立思考的学术能力。这样，学生掌握基本理论的深度和广度便比单纯的教师传授要广得多了。这也是一种成本较低、效果较强的实践教学形式，可利用学校图书馆资源和网络资源提供阅读对象。实施时配合课程进度，由教师精心挑选名篇，尤其以马克思主义经典作家的名篇和中国共产党领导人的著名讲话、文章作为素材，使学生在阅读过程中增强对人物、事件、历史的代入感，汲取经过历史洗礼的思想精华，进而提高其理论修养，提升其综合写作能力，达到实践教学的目的。

2. 校园调查

校园调查是社会调查的一种形式，也是课堂实践教学的延续。教师根据不同课程内容，设计适合在学校范围内进行调查的主题，以学生为主去设计调查内容和题目，联系调查或访问对象；根据调查结果进行数据分析，撰写调查报告，计入学生思想政治理论课的平时成绩。一般来说，适合作为思想政治理论课校园调查的题目应具备能在校园内开展对话的特点。思想品德修养与法律基础课可以调查大学生的理想信念、爱国爱家观、社会公德、婚恋观、学习观、消费观、职业创业观、法律意识等，可以结合学校的办学特色专业特点、学生结构等独特因素设计题目，开展调查。中国近现代史纲要课可以调查大学生的历史观、乡土观，可以结合重大历史事件的周年纪念开展，也可以结合某阶段的家乡的历史脉络去开展。转型时期飞速发展变化的中国、迎来新时代中国特色社会主义的中国，为思想政治理论课的调查提供了源源不断的丰富题材。

3. 校园文化

校园文化是每一所学校的魂，是区别于其他学校的精神特征，是每一所学校独特的软实力，历来是各高校重视建设的领域。校园文化是一种具有时代特点的群体文化活动，是学校长期形成的并为师生所广泛认同的校园精神以及培养这种精神所需文化环境的总和。它以课外活动为主要内容，以文化的多学科、多领域的广泛交流及特有的生活节奏为基本形态，具有价值导向群体凝聚、规范行为、陶冶情感、实践锻炼等多种功能。校园文化不同于学校的各种规章制度，没有对学生的硬性要求，但通过以上形成的环境和氛围时产生熏陶的作用。人有"思齐"之本能，学生无形中会自动调整自己的行为甚至思想中与周围环境不和谐的部分，以融入校园文化创造出来的整体氛围中。思想政治理论课实践教学与校园文化建设有着天然的高契合度，都是着力于大学生的思想建设、价值观形成、学风校风建设，都采取较为类似的激励感染、正向熏陶、陶冶情操、美化心灵等方法、手段和形式。因此，校园文化实践对落实思想政治理论课实践教学有着积极的意义，思想政治理论课实践教学对于校园文化建设又起着积极的促进作用。一般而言，校园文化建设的主管部门是校党委宣传部，负责部门是校团委、学工部，具体落实有学生会、社团等自治组织，广大学生是参与主体，已经有一整套良好的运转机制，每所高校也都形成了若干固定的活动"品牌"或平台。思想政治理论课可以结合的途径主要是参与校风讨论和建设、校级辩论赛点评、节庆活动、重大历史事件周年纪念活动等活动，也可以参与学生的征文办报、读书沙龙、摄影比赛、歌唱比赛、演讲比赛、爱心工程等种类繁多的校园日常文化生活，开展爱国爱校教育、集体主义教育、理想信念教育，培养学生的创新精神、团队精神和组织能力等综合素质。

（三）社会实践教学方法

1. 社会实践

社会实践是指学校依照高等教育的培养目标，以社会为课堂，以与学生密切相关的社会生活现实问题为题材，以假期和课余为主要活动时间，以学生能动地参与为主要途径，有计划地为学生寻求或创设一定的情境，寓教育于实践中。社会即课堂，实践即教育。任何理论都是从实践中来，又必须回到实践中去接受检验。社会实践是贯彻理论联系实际原则的最高层次的实践形式，对于学生检验所学有着非常重大的意义。学生通过接触社会，亲身体验生活，感悟生活，亲自到真实的生活场景中去发现问题，锻炼解决思考实际问题并解决问题的综合能力，这是社会实践形式与其他校内实践形式相比极大的优势所在。

2. 社会调查

社会调查是把校园调查的场景放到社会中，指依据教学目标和要求，确定调查主题，对特定对象的历史和现状进行调查、访谈并撰写调查报告等实践活动形式。"毛泽东思想和中国特色社会主义理论体系概论"课的理论和内容紧密贴合社会实际，很适合采用社会调查的形式开展实践教学。教师和学生共同在社会热点、改革难点、新生事物等范畴内商定主题。教师要教授给学生社会调查的一般方法，即问卷法、访谈法、观察法、参与法等，并拟定调查目标、调查地点、调查时间、调查事件或人物，做好人员安排和经费安排，提醒学生需注意的安全事项等。这一系列的工作形成一套完整的调查工作方案，一般在课余时间或假期开展，较合适的时间是寒暑假，还可以结合学校的"三下乡""挑战杯"等活动来开展。社会调查的实践形式有一个不可或缺的环节是撰写调查报告。教师要事先在课堂中教授数据分析方法、报告的结构、撰写原则、撰写方法等知识，最终由学生自行完成。社会调查一般采用团队或分组形式来开展，有利于发挥队员特长、分工协作，锻炼团队合作精神。

3. 志愿服务

志愿服务是指在非营利的前提下，为改善社会状况，利用自己的知识、技能、体力促进社会进步而自愿贡献出个人或群体的时间及精力所做的社会服务工作。这项服务工作中体现出来的大爱与奉献精神，与思想政治理论课培养学生社会主义核心价值观是共通的，二者有着天然的价值观契合性。教师可根据学生的专业技能与兴趣特长等对学生进行分组，鼓励学生利用课余时间参加志愿服务和公益性活动。志愿服务的场所可以选择城市的公共场地，但更为理想的场所是与学校签有协议的一些服务机构，例如，敬老院、福利院、义工组织、爱心社、街道社区、基层农村等。通过形式多样的奉献爱心与服务活动，学生既可以在实际服务中检验自身专业技能，也可以在服务中培养出公益精神、服务精神、奉献精神，对如何提升社会服务水平、如何帮扶弱势群体等关系到社会发展的问题会有所思考和感悟。因此，志愿服务是思想政治理论课非常理想的实践教学方法。

4. 基地教育

基地教育是指利用校外的红色教育基地、爱国主义教育基地、博物馆、扶贫基地、生产实习基地等资源对学生进行理想信念教育、价值观教育、历史观教育和职业教育的一种实践形式。通过有组织地带领学生参观考察这些基地和场所，可以让学生接受传统的爱国主义和红色文化教育，实地考察体验历史发生的场景，感悟新中国之来之不易；可以让学生实地接触和了解社会的工业生产、农业生产和服务业等行业，了解社会发展的成就与不足，拓宽眼界，增长见识，使得课堂上所教授的理论知识与现实中生动的实际联系起来，达到受教育的目标。目前，红色教育基地和爱国主义教育基地遍布全国，资源相当丰富。随着国力的提升，各级政府着力打造建设的这些基地的功能和设施越趋于丰富和完善，还有些基地可以容纳受教育者进行一段时间的"沉浸式"学习和体验，更是大大提升了教育的实际效果。不过，基地教育模式受限于交通、经费、规模等因素，无法大规模且频繁的开展，这是其不足之处。

（四）网络实践教学方法

高校思想政治理论课要充分运用新媒体新技术，扩大思想政治理论课实践教学的时空、实践教学资源，牢牢占领网络实践育人阵地，这是新时代思想政治理论课实践教学的新方法，是当前高校思想政治理论课实践教学研究的重要课题。信息科学技术的迅猛发展，影响和改变着高校思想政治理论课实践教学方法。高校思想政治理论课实践教学方法因势而新，开启了思想政治理论课实践教学方法的崭新时代，为思想政治理论课实践教学提供了丰富的教育资源。

网络实践，也称虚拟实践，是指高校思想政治理论课教育工作者运用计算机网络技术、虚拟现实技术等手段在计算机网络空间中有目的地创建仿真或虚拟的社会实践情境和条件，并引导大学生进行自主探索、自主体验、相互交流、自我教育的新型实践教学形式。网络开始走进普通人群的生活始于 21 世纪初。自那以后，人类的生产、生活方式从现实的一维变成了现实和网络虚拟的二维模式。人们在现实和虚拟世界中自由切换，甚至越来越依赖网络进行生产和生存，这是一个不可逆的趋势。而且年轻大学生思维活跃，勇于尝试新事物。特别是近年来移动互联产业发展迅猛，移动互联生活方式渗入方方面面。对于学生而言，在移动互联应用上可以通过手机轻易随时获得资讯和娱乐，造成了课堂上的"低头一族"；可轻易在各类自媒体公众号和论坛上得到与课堂知识相类似，甚至是更有价值的知识和信息；有时获得的知识和信息可能是反面的、负面的，构成了对传统课堂教师权威的挑战。

思想政治理论课实践教学顺应时代特点，不回避现实中的挑战，积极地跟进研究适合网络时代的教育方式，除了在思想和观点上、方法和策略上解决课堂上遇到的挑战，引导学生理性看待日益膨胀的各类信息，合理使用网络外，还利用互联网本身作为思想政治理论课实践教学平台。例如，引导学生利用即时通信工具（QQ、微信）、微博、博客、公共论坛发表观点和看法，利用最近几年流行全国的微信平台发布文章，利用网络平台完成社会调查，都是思想政治理论课理想的网络实践方法。这样就形成了新时代思想政治理论课实践教学的新领域，极大地拓展了实践教学的空间，为高校思想政治理论课实践教学提供了新资源、新基地、新形式、新评价，实践教学的教育影响力和社会影响力逐渐扩大。当前，高校思想政治理论课网络实践教学方法比较成熟的是"O2O"（Online To Offline）思想政治理论课实践教学方法。"O2O"思想政治理论课实践教学方法是指基于互联网条件下，以实践主题需求为导向，在线上与线下实施实践教学，将虚拟教育资源与现实教育资源、虚拟活动与现实活动有机结合，实现理论与实践相结合的一种实践教学方法。"O2O"思想政治理论课实践教学方法旨在充分发挥学生的主体作用，倡导学生自主参与、分享感悟、感召践行，引导学生在实践活动中实现教育与自我教育，真正实现思想政治理论课"入脑、入心、入行"，达到"内化于心，外化于行"的教育教学目标。

网络实践教学方法中，还有学校利用网络平台进行网络情景的实践教学方法。它往往是根据思想政治理论课程的教学要求，借助思想政治理论课程设计实践教学平台，结合历史、地理以及学校、地方文化资源和学生具体的实际生活，采用"历史场景再现""舞台模拟实践""情境模拟实践"等多种形式的网络实践教学方法，让学生把红色故事、历史事件、调研报告、采访内容等做成实践教学案例或改编成不同形式的作品搬上舞台自导自演，并将教师的"教"演化在实践教学活动的策划之中，将学生的"学"转换在实践探究与实践体验的行动之中的实践教学方法。

伴随着升级版读图时代的到来，网络生态更新迭代更加迅速，大学生在网络时代的社交生活已经不满足于单纯的、传统的图片，后来居上的是制作成图片格式的表情包。这种新型的社交工具具有图片加文字组合的功能，极大便利于社交情绪的表达，广受学生喜爱。微信文章的表达风格也越来越趋向图文并茂，加上更多轻松、戏谑、调侃甚至恶搞的元素。教师可以充分利用思想政治理论课微信公众号平台，让学生把课程的体会感悟、读后感、调查报告等现实的实践教学成果发布上来，连通现实和虚拟实践，增强虚拟网络的现实感，还可以通过评论、点赞等行为对学生的作品进行互动和正向引导。在网络实践中，学生是参与的主体，但网络信息量大且庞杂，更凸显了教师主导和引导的重要性。思想政治理论课对于网络实践的研究没有止步之时，可以预见，随着互联网、大数据、人工智能等技术的不断发展，思想政治理论课的理论和实践教学都务求不断跟进研究，积极回应时代的要求，实践教育永不落幕。

三、高校思想政治理论课实践教学方法实施的要求

落实思想政治理论课实践教学意义重大，这已是高校的共识，但因涉及全体在校生，形式复杂多样，落实效果在不同高校大相径庭，这与实践教学的保障机制是否健全直接相关。保障机制不健全的高校，落实实践教学的学时计划不到位；或有学时安排但执行不到位；或能参加实践教学的仅为少数学生；或出去进行社会实践时走马观花；或忽略过程，学生直接以一篇随意拼凑的调查报告、心得体会应付；或安排实践教学随意性、偶然性大，缺乏连续性机制；或教师数量不足、教师动力不足、基地数量不足、经费预算

不足等，都是制约实践教学有效开展的障碍。因此，有必要从源头抓起，重在建设思想政治理论课实践教学的保障机制，不断探索思想政治理论课实践教学方法，努力提高思想政治理论课实践教学效果。

（一）加强对思想政治理论课实践教学的领导，不断探索思想政治理论课实践教学方法

办好我国高等教育，必须坚持党的领导，牢牢掌握党对高校工作的领导权，使高校成为坚持党的领导的坚强阵地。党委要保证高校正确办学方向，掌握高校思想政治工作主导权，保证高校始终成为培养社会主义事业建设者和接班人的坚强阵地。各级党委要把高校思想政治工作摆在重要位置，加强领导和指导，形成党委统一领导、各部门各方面齐抓共管的工作格局。高校党委书记是思想政治理论课建设的第一责任人，党委书记、校长和分管校领导要切实负起政治责任和领导责任，确保在学校发展规划、经费投入、公共资源使用中优先保障思想政治理论课建设，在人才培养、科研立项、评优表彰、职务评聘等方面优先支持思想政治理论课教师，真正落实思想政治理论课在学校教育教学体系中的重点建设地位。在实施实践教学过程中，部分高校把落实实践教学的责任和主要工作全部或大部分压在开课学院，这种做法不科学也不现实，这在事实上削弱了实践教学效果。特别是在思想政治理论课教师数量不足的高校，进行思想政治理论课实践教学更是勉为其难。要把思想政治理论课实践教学当作一件常规性的重要的事情来抓，一般而言，应落实从领导到监督到实施一条龙的运行机制。为有效整合校内资源以供实践教学使用，应在校党委领导下，整合校内外实践资源，形成后勤、校团委、教务处、学工部、开课学院（马克思主义学院或思想政治理论课教学部）协同合作、资源共享的保障机制，还应打破思想政治理论课四门主干课程之间的界限，对适合整合的实践题目和形式进行课程之间的共享，最大程度分享资源，减轻实践教学资源供给不足的压力。除了领导机制，还要切实规范实践教学的运行机制。按照教育部规定制订规范的实践教学学时计划，制定教学大纲，规范实践教学的教学目标、内容、形式和要求，杜绝实践教学的随意性、偶然性。

（二）遵循高校思想政治理论课实践教学方法的原则

基于高校思想政治理论课实践教学的内涵和目的，运用思想政治理论

课实践教学方法应遵循通用性、思想性和趣味性的原则。

所谓通用性，就是指实践教学方法在思想政治理论课教学的全过程中是通用的，在不同课程或不同学校的教学过程中也是通用的；在课内课外是通用的，在校内校外也是通用的。实践教学的内涵应着重于从教学理念、教学手段和教学结果去界定，而非其是否单独设课；应着重于从教学内容、教学过程去界定，而非教学场所是否在课外或校园外。实践教学是学校教学工作的重要组成部分，是深化课堂教学的重要环节，是学生获取、掌握知识的重要途径，思想政治理论课所有课程都要加强实践环节，并对高校实践育人提出了具体要求。创新实践教学形式，对于提高育人效果非常重要。前文所述，各地高校在落实"05方案"的过程中，有的学校单独开设了"思想政治理论课实践环节"课程，本科从原思想政治理论课中抽出2学分，专科抽出1学分，编制单独的课程大纲，成为一门与思想政治理论课相关联又相区别的独立课程。有的学校则只是在原理课程中加入实践教学的内容，或使用实践教学的方法，并不单独开设实践课。但是，这两种情况下的理论教学和实践教学都不是绝对分割的，事实上也无法分割。单独开设实践课程的，其理论教学不应该也不可能只是纯粹的理论课，同样应该贯彻实践教学原则。只把实践教学作为理论课程的一个组成环节，也不应该局限于课堂教学，同样可以采用课内课外的多种实践形式，落实实践教学。为便于对思想政治理论课的内涵有清晰的把握，本书认为上述两种情况都属于实践教学。

所谓思想性，是指思想政治理论课实践教学内含着思想要素，这是由思想政治理论课的性质和任务决定的。思想政治理论课与其他学科的理论课比较，其最突出的特点便是思想性。思想政治理论课既不能仅仅停留于解释理论、传授知识，也不能让学生仅仅满足于实践教学一般层面上的收获。无论是传授理论知识，还是实践教学，都是为了解答大学生在思想层面上可能产生的疑惑。例如，对道路的疑惑，对制度的疑惑，对社会的疑惑，对人生的疑惑，对价值观的疑惑等。一种价值观要真正发挥作用，必须融入社会生活，让人们在实践中感知它、领悟它。要注意把我们所提倡的与人们的日常生活紧密联系起来，在落细、落小、落实上下功夫。实践教学通过情感体验、科研实践、社会实践等方法，帮助大学生更好地搭起理论与实际的联络通道，不断提高思想认识。

　　所谓趣味性，是指能给学生带来创新、参与、体验的新鲜感，在实践教学过程中解决困难和疑惑的成就感，在理解理论知识背后蕴含的真理后的情感共鸣和共情带来的愉悦感，这些正能量的感觉刺激最终都会令学生对思想政治理论课产生兴趣，从而帮助教育者顺利实现教育教学目标。在实践教学中，学生是实践的主体，提高学生的学习兴趣能极大地促进学生的参与性，大大提高对学习内容的关注度，大大提升学习的效率，从而更好地理解教师教学内容，并不断内化为自身的素养。

（三）不断探索新时代高校思想政治理论课实践教学综合方法

　　思想政治理论课的实践教学活动与日常学生活动之间的最大区别在于是否有明确而具体的理论依据和理论指导。要在实践教学体系中实现理论与实践的有机对接，必须将理论课教学的重点、难点、热点、疑点、焦点进行系统梳理和整体分析，并以此形成实践与理论的对接点，作为构建实践教学体系的"理论依据"。如此，能将理论教学与实践教学有效"链接"起来，有效杜绝"实践活动"的随意性和贴标签现象。思想政治理论课实践教学要"实"起来，做好做实思想政治理论课的实践教学，必须基于理论与实践、校内与校外、课内与课外之间"三个结合"的思路，确保思想政治理论课实践教学落到"实"处。一是坚持理论与实践结合，实现理论教学与实践教学的有机"链接"。要贯彻落实习近平新时代中国特色社会主义思想，要把习近平总书记系列讲话精神融入思想政治理论课，进入教材、进入课堂、进入大脑，教师要带领学生投身于伟大实践，才能让学生感知新时代的脉搏，领悟理论的精髓，充满理论自信。二是思想政治理论课与生产劳动相结合。高校学生投身实践，增强理论自信，参加社会实践，用理论指导实践，用实践检验完善理论，这是增强理论自信的根本途径。三是坚持校内与校外、课内与课外实践教学的有机结合，努力实现校内校外实践教学资源的有效"并联"，把各层次各环节实践教学方法进行"串联"。高校思想政治理论课是涉及高校全体学生的课程，其覆盖面非常广，要做到全覆盖地完成高校思想政治理论课实践教学任务，就迫切需要强有力的社会支持和坚实的条件保障，广泛开发和充分利用各类教育教学资源。因此，高校思想政治理论课实践教学，可以通过校校合作、校地合作、校企合作等方式，搭建校外实践教学平台，努力做到校内校外实践教学资源的有效"联结"。高校思想政治理论课实践教学必须充分体现分类分层教育的原则。高校思想政治理论课必须着眼于不同类型院校培养目标和学生的实际，根据不同课程的性质、目标、内容及教学对象的知识水平和专业特点，灵活运用教学方法和教学手段，提高教学的针对性和时效性。同时，按照实践教学的系统化设计，将课内实践活动与课外实践活动在优化组合的基础上"串联"起来，形成扎扎实实的"实践教学方法链"，不断提升思想政治理论课教学效果。

第四章 高校思想政治理论课教学模式创新

第一节 宏观领域的课程教学模式

当今世界，综合国力的竞争，其核心是人才的竞争。培养什么人，怎样培养人，为谁培养人，事关中国特色社会主义事业的成败。党的十八大以来，以习近平同志为核心的党中央站在实现中华民族伟大复兴的战略高度，着眼于中国特色社会主义现代化建设全局，对教育工作提出了一系列新理念新思想新战略。思想政治理论课不同于其他课程。如何在高校构建全方位育人、全员育人、全过程育人，如何有效整合学校资源，应巩固、强化思想政治理论课教学实效，构建大德育观。

"开放式、立体化、全方位"课程教学模式的构建，旨在突出以学生为本的教育理念，通过整合思想政治理论课教育资源，建立课前精心设计、课中共同参与、课后积极反思，多层次、综合育人评价标准，打造育人合力，体现思想政治理论课的育人特点，有利于创新思想政治理论课教学，促进教材体系向教学体系及认知体系转化，实现立德树人的教育宗旨，提高思想政治理论课教学效果。

一、"开放式、立体化、全方位"课程教学模式的界定

教学模式是依据一定的教学思想、教学理论和教学规律而形成的比较稳定的、比较典型的教学程序和教学方法的策略体系。教学模式是教学理论的具体化，包含着一定的教学思想以及在此教学思想指导下的课程设计，教学原则，师生活动的结构、方式、手段等，是教学实践的概括化的形式和系统，具有多样性和可操作性。因此，教师对教学模式的选择和运用是有一定要求的，教学模式必须要与教学目标相契合，要考虑实际的教学条件，针对

不同的教学内容来选择教学模式，同一教学模式又可以采用多种教学方法。以"思想道德修养与法律基础"课为例，构建"开放式、立体化、全方位"的教学模式。

（一）"开放式、立体化、全方位"表述

所谓"开放式"主要指教学空间开放、教学内容开放、教学形式开放。教学空间开放表现在教学时间、地点从有形的固定课堂教学向无形的、多样的课外活动延伸；教学内容开放表现在思想政治理论课教学与专业课教学相结合，固化的书本内容与动态的现实环境相结合；教学形式开放表现在思想政治理论课学时内第一课堂与学时外第二课堂互动、理论教学与实践教学结合、课堂教学与网络教学互补。

所谓"立体化"主要指教学目标立体化、教学内容立体化、教学方法手段立体化、评价标准立体化。教学目标立体化表现在以传承知识为依托的人格塑造与情感认同的结合；教学内容立体化表现在从学生实际出发，把握学生专业特点和已有背景知识与所讲授课程以及所讲授课程与以往思想政治理论课的关联程度，对教材内容进行"活化"，对与时俱进的党的创新理论进行补充，对学生关注的现实热点进行探析；教学方法手段立体化表现在打破传统"我讲你听"的课堂模式，以学生为主体、以教师为主导，互动交流学习；评价标准立体化表现在学习态度与学习效果相结合，学习过程与学习结果综合评价。

所谓"全方位"主要指从学生实际出发，进行教学过程全面设计，选取教师的"教法"、学生的"学法"、考评的"方法"。教学过程全面设计表现在课前预设目标、课中实践目标、课后重新调整目标。

（二）"开放式、立体化、全方位"三者之间的关系

"开放式、立体化、全方位"三方面从不同维度来思考和构建思想政治理论课课程教学模式。如果把人才培养目标比作圆点，"开放式"可以比作在以圆点为心无线延伸的射线，"立体化"就是要以圆点为心，以无线延伸的射线为轴进行旋转，构成"全方位"的"立体化"空间。

"开放式、立体化、全方位"课程教学模式突出以学生为本，基于教师的教育观、教学观、学生观"三个转变"，即教学观念从单纯知识教育向培养学生知行统一方向转变；教学课堂从有形的固定教学时间向无形的开放

式空间拓展转变；学生成绩评定从单纯知识考核向知识、能力与日常行为表现相结合方向转变，进而实现学生的"三个转变"，即从知行分离向知行统一转变，从"封闭"德育学习环境向"开放"德育学习环境转变，从他律向自律转变。多角度建立教学、评价机制，注重知识传授与素质教育相结合，注重知行统一，由传递知识向塑造人格转变，突出思想道德和法律意识培养。

二、"开放式、立体化、全方位"课程教学模式提出的理论依据

（一）人的本质理论

社会存在决定社会意识。人的本质是具体的、实践的、发展的，人的本质属性在于它的社会性。

大学生的思想、道德及法律意识的形成，不是在大学学校环境下就能完成的，它是一个伴随着人成长而不断变化的过程。它需要理论引导，需要社会实践，它是"学习—认知—再学习—再认知"的不断的循环往复的过程。因此，大学生的思想、道德及法律意识的培养，需要打破"封闭"的教学环境，而转向"开放"的学习环境，需要把"固化"的理论与"生动"的现实相结合，以促进学生知行转化。

（二）人的全面发展理论

教育的本质在于立德树人。思想政治理论课是培养中国特色社会主义事业合格建设者和可靠接班人，落实立德树人根本任务的主干渠道，是进行社会主义核心价值观教育、帮助大学生树立正确世界观、人生观、价值观的核心课程。结合高校育人目标以及思想政治理论课的教学目标，思想政治理论课教师首先要思考的是"培养一个什么样的人"的问题；其次要思考"怎样培养"的问题，发挥思想政治理论课主渠道作用，引领大学生成为"合格建设者和可靠接班人"，在知识传承的同时，突出"德"的培养，教师要一切从学生实际出发，以学生为本，选取适合学生的、有利于学生综合素质提升的教学方法。

（三）遵循大学生认知规律的必然要求

人的思想政治品德的形成，离不开社会环境的作用和思想教育的影响，同时，它也是个人自主性作用的结果。在教材与学生之间，有效的教学活动是学生领会教材精神并实现自身转变的途径。从学生实际出发，深入浅出，使教材阐述的抽象理论道理具体化为解决现实问题的强大武器，这必然要求

教师做好理论与现实的结合。

三、"开放式、立体化、全方位"课程教学模式的内容

思想政治理论课课程教学模式是以课程目标为引领，以学生能力培养为中心，以课内、课外联动为机制，以思想政治理论课教师指导为保障构建的"开放式、立体化、全方位"的教学模式。

其中，"课前演讲与学生互评"环节，从学生方面看，一方面能够培养学生演讲者搜集与选择、加工与处理信息的能力和语言表达能力；另一方面也能培养学生听众的信息接收与识别能力、判断与分析能力。从教师方面看，教师可以从学生活动中获取学生关注问题的角度，以及学生的价值取向和倾向等信息，有利于教师了解学情。"课堂教学（为主）"环节有利于发挥课堂教学的主渠道作用。"日常活动"环节有利于了解学生知行合一状况。"社会实践、社会调查"环节有利于理论学习内容与社会现实环境的有机结合，发挥理论指导实践、实践丰富理论的作用。思想政治理论课教师作为班导师与任课班级"结对子"，更有利于了解学情，有利于针对性开展教学活动。一方面，充分发挥课堂主渠道作用；另一方面，抓住思想政治理论课教师与学生"结对子"做班导师的有利契机，延伸思想政治理论课作用空间。

四、"开放式、立体化、全方位"课程教学模式的运行机制

依据教材内容，教师在吃透教材的基础上，明确教师讲授的本门课程在人才培养中的地位与作用，从特定阶段人才培养的目标出发，构建以观念转变为先导，以赏识教育为出发点，以日常活动为载体，以考评机制为引领，以课堂教学为主阵地向课外活动辐射的开放式人才培养机制，形成"开放式、立体化、全方位"的教学模式。

（一）课前设计

在课程开设之初，任课教师让学生明确了解教师的"教法"，为学生创设的"学法"，学科成绩评定的"方法"。

1. 教师的"教法"

在教材的使用上，依靠教材，不拘于泥教材，以教材知识点为依据，以专题教学为表现形式，实现教材体系向教学体系转化；在教授方法上，依据知识点自身难易程度以及突出理论认知还是行为转化，来确定以教师活动

为主，还是以学生活动为主；在教学手段上，根据具体内容的需要确定是否采用现代化多媒体手段；在教学场所选择上，依据教学内容的具体情况确定是以课堂为主，还是以课外活动为主；等等。

2. 学生的"学法"

学生的"学法"包括课前演讲，主题演讲，专题辩论，专题讨论，自选喜欢章节讲课，特设情境行为选择，教师推荐学习资源学习观感，学生自己喜欢的文章或书籍学习感受交流，书面作业，日常班委、团委、社团或社会调查等活动。

3. 学科成绩评定的方法

配合学生的"学法"，评定方法采用"综合考评法"。具体做法是将平时成绩与期末成绩相结合，自选成绩与必选成绩相结合。

所谓平时成绩与期末成绩相结合，即平时成绩占50%，期末成绩占50%。平时成绩是对学生出勤、学习态度以及"学生的'学法'"效果的综合评价；期末成绩是通过闭卷或开卷考试的方式对学生理论知识的理解运用和综合分析能力进行考核。

所谓自选成绩与必选成绩相结合，是指平时成绩的完成方式有自选方式和必选方式。自选成绩占平时的50%，主要指学生根据自己的愿望在主题演讲、网上学习、专题辩论、自由讨论、自选喜欢章节讲课等课堂活动中，自由、灵活地选择两种以上的方式参与课堂活动。必选成绩占平时的50%，包括课前演讲、日常行为学习态度表现、撰写论文或社会实践报告等。

这样的方式既有统一要求，又有个人选择空间，注重学生多方面能力的挖掘和培养，增强学生的自信心，并从学习中感受成功、体味快乐，为其个性化发展创造条件。同时，参照日常班委、团委活动学生行为表现、日常量化考核，注重学生日常行为的养成，有利于思想政治教育内容的内化，促进知行统一，并外化为学生的良好习惯。

（二）课中实施

在课程教学中施行课前设计方案，或在课内固定时间、相对固定场所开展课程教学，或在课外相对灵活时间、特定场所开展课程教学。注重发挥教与学两个积极性，形成第一课堂与第二课堂、理论教学与实践教学、课堂教学与网络教学相互支撑，理念手段先进、方式方法多样、组织管理高效的思想政治理论课教学体系。

1. 注重发挥第二课堂的作用

以"思想道德修养与法律基础"课为例，思想政治理论课教学在传承知识的同时，注重对学生的思想引领，重在培养学生从知向行的转化。通过思想政治理论课教学，增强学生的"四个自信"，坚定地在中国共产党的领带下实现中华民族伟大复兴的中国梦。

配合课内第一课堂，开展第二课堂。在校党委的领导下，以思想政治理论课教学科研部为依托，设计学生实践主题、班团活动主题，在学校学工部、团委及各二级部门党、团组织的配合下实施，以学生班、团活动为载体开展第二课堂活动。同时，引导学生积极参加校内、校外社会实践，把"思政小课堂"同"社会大课堂"结合起来，教育引导学生立鸿鹄志，做奋斗者，深化"思政小课堂"的理论认知，通过"社会大课堂"实践感悟，促进学生知行转化。

2. 注重发挥网络育人作用

教师推荐优秀网站学习资源，引领学生利用网络学习，丰富教学素材。教师通过微信、QQ 等社交软件在线交流思想，了解学生思想。

3. 依托相对稳定的师资队伍

建立以思想政治理论课专任教师为主、相关教师为补的师资队伍，形成第一课堂与第二课堂联动的思想政治理论课教学。第一课堂以专任思想政治理论课教师为主；第二课堂以经过选拔的从事党政、学工、共青团工作的优秀教师为补充，统筹学生日常班、团活动，社会实践活动，践行社会主义核心价值观，促进学生知行转化，减少班委、团委、理论课教师等多方面组织学生活动，改善学生频于应付、效果不佳的状况，打造"大思政"的育人合力。

（三）课后反思

课后反思是教师以自己的课前设计、课中实施为思考对象，对自己所作出的某种教学决策、行为以及由此所产生的结果进行审视和分析的活动。它是对课前设计的可行性、科学性的再思考，是对课中实施环节把控、任务实现程度等问题的进一步分析，并在此基础上查找成败、分析原因、寻求良策、以利后行的过程，是课堂教学的升华。

教师利用集中教研活动进行课前整体设计；通过互听课堂教学，进行课中学习与交流；及时进行课后反思，总结与提升教学，从而使思想政治理论课成为大学生真心喜爱、终身受益、毕生难忘的优秀课程。

五、"开放式、立体化、全方位"课程教学模式的育人格局

（一）从"思想政治理论课程"向"课程思政"延伸

高校思想政治工作关系到高校培养什么样的人、如何培养人以及为谁培养人这个根本问题。要坚持把立德树人作为中心环节，把思想政治工作贯穿教育教学全过程，实现全程育人、全方位育人，努力开创我国高等教育事业发展新局面。要用好课堂教学这个主渠道，思想政治理论课要坚持在改进中加强，提升思想政治教育亲和力和针对性，满足学生成长发展需求和期待，其他各门课都要守好一段渠、种好责任田，使各类课程与思想政治理论课同向同行，形成协同效应。充分发掘和运用各学科蕴含的思想政治教育资源，健全高校课堂教学管理办法。

从育人宗旨来看，各门课程尽管分工有所侧重，但是核心都是育人。思想政治理论课承担着对大学生进行系统的马克思主义理论教育的任务，是巩固马克思主义在高校意识形态领域指导地位、坚持社会主义办学方向的重要阵地，是全面贯彻党的教育方针、落实立德树人的根本任务的主干渠道和核心课程，是加强和改进高校思想政治工作、实现高等教育内涵式发展的灵魂课程。思想政治理论课是关于做人的课程，是帮助学生扣好人生第一粒扣子的课程，如果这粒扣子扣错了，其他的扣子也会跟着错。专业课程及其他综合课程承担的育人职能，实际上是思想政治理论课育人思想在专业领域的延伸和拓展，它是思想政治理论课中一般性原理、要求在专业课程体系中的深化和具体化。伴随着学生成长的过程，思想政治教育工作并非是思想政治理论课教师的"专利"，各门课程都有育人功能，所有教师都负有育人职责，也就是说，加强思想政治教育，要抓住各种课堂教学的有利渠道，将思想政治教育融入课程教学的各环节、各方面，因"科"制宜，因"材"施教，根据学科的特点和教材实际，深入挖掘课程的价值功能和思想因素，把知识点和育人点结合起来，把"隐性思政"与"显性思政"有机结合起来，使学生在接受知识的同时，也能深化思想政治理论课教学内容。"思想政治理论课程"与"课程思政"二者围绕"立德树人"根本任务互相促进。一方面，"思想政治理论课程"指导和引领"课程思政"的育人方向；另一方面，"课程思政"有利于拓展深化"思想政治理论课程"的精神实质。只有各种课程同向同行，在学生价值塑造上发挥协同作用，才能更好地提升教育效果。

（二）注重校园网络建设，发挥网络载体作用

网络具有信息量大、包含内容广泛、时效性强、更新周期快的特点，人们更多地喜爱通过网络来获得信息，学习自己所需要的知识。这种不受场合限制、自主选择式的学习方式对人们的生活方式、思想观念影响很大，备受学生的青睐。因此，思想政治教育在继续发挥面对面的传统教育方式方法优点外，需要不断研究信息化带来的挑战，建立和完善网络化思想政治工作的平台，充分利用现代科技手段开创思想政治教育的新天地。利用网络环境熏陶、渲染和渗透思想政治教育内容，从而使利用现代科技手段拓宽思想政治教育的渠道成为一种历史的必然。

互联网兼容了传统媒体的多种优势，它使得信息不仅具备了图文并茂、声色俱全、动静结合的特点，还具备了像报纸一样的可保持性特点。网络的这些特点为提高思想政治教育的影响力、有效性提供了新的空间。教师要充分运用现代科技手段，将思想政治教育内容生动、形象地表现出来，以吸引学生在网上主动接受教育信息的熏染，在潜移默化中提高思想政治道德素质，而使利用现代科技手段拓宽思想政治教育的渠道成为一种现实的可能。

网络信息良莠不齐，呈现文化多元化、价值取向多元化的特点，这对大学生的世界观、人生观、价值观会产生多重影响。思想政治理论课要充分利用网络渠道，提供健康的、有益的信息；利用网络的互动性，提高大学生对信息的甄别能力。因此，利用现代科技手段拓宽思想政治教育的渠道成为一种现实的必要。

（三）完善心理咨询机制，架起心灵沟通桥梁

心理咨询是发现和解决大学生心理问题的有效途径，同时它也是提高高校思想政治教育实效性的重要途径。心理是思想的基础，思想的发展变化受心理的影响和制约，而心理活动的方向又受思想的支配。现实中思想问题与心理问题往往是交织在一起的。在许多思想问题背后有复杂的心理因素，有的看起来是思想道德问题，其实质却是心理障碍所致。也就是说，心理问题往往会引起思想行为问题。良好的心理状态是接受思想教育的前提，是完

成思想教育目标的保证。在思想政治教育的实践中充分发挥心理咨询的功能与作用，就会使教育更具有针对性，收到事半功倍的效果。

在信息化时代，保证教育者与学生之间沟通渠道的畅通，突破以往面对面沟通的空间与时间限制，可以利用网络技术，完善心理咨询机制，架起心灵沟通网络桥梁。例如，学生通过网络提出问题，不写自己的名字，教师在网上给予回答。网络心理咨询针对性强、渗透性强，加之具有形式新颖、隐蔽性的特点，与大学生的心态特点相吻合，容易为学生所接受。因此，网络心理辅导这种新途径定会得到很好地推广。

（四）优化思想政治教育环境，整合校内管理资源

环境是人格形成的必要条件。学校环境因素因其影响的系统性和集中性，在思想品德的形成中起主导作用。优化学校思想教育环境，就是要协调各方面影响因素的作用方向，并使其具有同步性、相互衔接性，以促进思想政治教育目标的实现。也只有学校的各个部门协同教育和管理，才能形成合力。

大学生良好的思想政治道德素质的养成既需要他律，同时更需要自律，这就需要整合校内管理资源，加强学生"自治"队伍建设，发挥学生干部、骨干分子在日常管理中的"自我教育、自我管理和自我服务"作用。例如，学校结合学生实际建立学生自我管理的模式，选派素质好、乐于为同学服务的"老生"到新生中去担任义务辅导员，使其真正发挥出学生干部、骨干分子的先进带头作用。学生参与管理是全面贯彻社会主义教育方针的需要。大学生虽然是管理教育的对象，但大学生是有思想、有主见的群体，因而在教育管理活动中决不可轻视学生的主体地位，尤其不可忽视学生干部和骨干分子的作用。学生干部和骨干分子来自于学生中间，威信高、信息多，最了解学生，而且他们大多是各院学生党员、入党积极分子等骨干力量，个人素质较好，思想政治觉悟较高。他们在工作中能够迅速、准确地获得学生思想信息的第一手资料，有利于及时发现问题、解决问题。再如，在全校范围内开展文明示范岗义务监督员工作，即每天在每栋教学楼内都有两名学生值勤做文明示范、督导学生行为规范。学校通过一些这样的办法，充分调动了校内的各种管理资源，建立了有效的校内的管理网络。

（五）重视校园社团组织建设，促进自我教育机制的形成

加强校园文化建设，寓思想政治教育于文化建设活动之中。学生社团

组织建设是校园文化的一个重要组成部分。校园文化具有导向、育人、凝聚、开发等重要功能。学校文化氛围如何，对大学生的成长、成才与成人将产生重大的影响。思想政治教育有利于引导文化建设的发展方向；而良好的文化为提高思想政治教育的有效性创造了积极的文化氛围。大学生可塑性强，其思想性格、道德情操等处于正在形成的过程，在这个时候，有无文化的介入和渗透，有什么文化的介入与渗透，其结果大不一样。学生社团组织是学生基于一定的文化背景，为了实现一定的目标而自愿结成的团体。因此，重视校园社团组织建设，社团文化活动要制度化、规范化、经常化，大力营造奋发进取的文化氛围，把思想教育融于各类社团活动中，使大学生们在活动参与中提高思想意识，增强组织观念和培养集体主义精神。在文化活动中还要注意发现和总结先进典型，运用先进典型影响带动学生，让学生学有榜样、干有目标，从而在学生中形成学习先进、争当先进和赶超先进的良好风气，使思想教育做到授之以知，晓之以理，动之以情，导之以行；以活动为中心，在活动中认知，在活动中体验，在活动中养成行为习惯。

（六）重视实践环节，增强学生的直观感受

思想政治教育过程是由知、情、意、行四个环节构成的，只有知识传授，而无情感陶冶、意志磨炼和行为引导，不是完整的教育。实现内化的最佳途径是把握学生校外见习及其他社会实践的机会，引导学生运用书本理论知识指导社会实践和社会调查，联系实际，加深对知识的理解，并把它转化为自己的思想认识，实现知行统一，即让学生在实践中增强道德认识，提高道德责任感，培养道德情感。

（七）运用物质激励机制，强化学生教育的成果

思想政治教育引导学生向社会期望的目标发展，但我们必须看到，思想教育不是万能的。从物质与意识的辩证关系原理出发，实行教育与物质利益相结合，建立完善科学合理、公正透明的物质激励机制，既要看到品学兼优的学生，又要看到思想转化进步快的学生，运用物质激励机制，强化学生教育的成果，在学生对教育内容内化的基础上，不断得到强化，并外化为一贯的行为。

第二节 微观领域的专题化教学模式

以思想政治理论课教材内容为依据，基于教育者与受教育者处于平等的地位，从教育对象实际出发，充分重视教育对象的自我教育能力，共同探讨解决问题的途径。以社会生活为素材、以学生学情为出发点，实现以目标为引领、以问题为线索、以能力培养为中心、以师生互助为途径，从而明确解决问题的方向、途径或方法。

需求是行动的动因。人类社会的发展是为了追求人的自由与幸福，每个人心中都有一个美好的愿景。从学生希望的国家、社会及个人应有的理想状态入手，提出问题，结合教材理论阐释设计专题，关注学生需求，以此为专题设计的切入点。

一、专题化教学的表述

思想政治理论课专题化教学研究需要在对教材内容全面系统把握的基础上，结合现实需要以及学生的特点，将教材中的知识点用专题的形式贯穿起来，重在每个专题内知识结构的系统性和严谨性以及回答学生的思想困惑问题，这是提升思想政治理论课教学实效性的必然选择。

所谓专题化教学，就是打破原有教材的章节体系，对教材内容重新进行整合，制定教学方案，改革教学方法，形成既有逻辑关系又能相对独立的系列专题，以各专题为单元元素组织相关教学活动，从而提高教学质量的一种教学模式。

思想政治理论课专题化教学是教师在全面系统把握教材内容的基础上，以解决学生实际问题为切入点，将教材中的知识点用专题的形式贯穿于解答学生思想困惑问题之中，引导学生运用理论去思考与解答其关注的问题，这是提高教学针对性、实效性的一种教学模式。

以"思想道德修养与法律基础"课为例，简称"基础"课。

如何提高"基础"课教学的针对性和实效性，全国各高校都在积极探索其教学模式。专题化教学是近年来为一些思想政治理论课教师所不断尝试的一种教学方式。纵观文献分析，有关专题教学法的泛泛论述较多，围绕"思想道德修养与法律基础"这门课作专题研究的较少。一些研究人员重点建议专题化教学，就是由不同的教师分专题来教学，以便发挥教师研究专长。

二、专题化教学的特点

（一）从教材内容层面来看，专题化教学体现教材内容的整合性和超越性

教师在把握教材的主旨思想和该课程教学目标的前提下，整合教材内容，专题化教学有助于突出教学重点、深化教学内容，避免按章、节、目的顺序的面面俱到。把教材内容和现实社会中的案例、近期的热点和焦点问题结合起来安排专题，有利于弥补教材内容滞后的缺陷，及时推进习近平新时代中国特色社会主义思想进专题、进课堂、进头脑，把理论知识传授和思想教育统一起来。专题化教学是实现教材体系向教学体系及认知体系转化的有效手段。

（二）从学生认知层面来看，专题化教学有利于增强教学的针对性和实效性

长期以来，在应试教育的氛围下，学生对政治类课程的学习仍停留于知识点的学习，忽略理论信仰的树立。结合"基础"课教材的内容，我们对学生进行了课程内容调研，"基础"课教材的内容与以往接触过的政治课内容相比较，学生普遍认为有似曾相识的感觉，学生对教材的首次印象是缺乏新鲜感。同时，说教课的印象一直是学生对政治类课程的评价。因此，学生们对思想政治理论课学习普遍存在消极心态，尤其高职、高专院校学生缺乏学习主动性，学习动力不足。

如今，我们生活在信息化时代，世界范围内各种思想文化交流交融交锋更加频繁，如何发挥正能量，增强对重大理论和现实问题的阐释力，在多元中确立主导，给思想政治理论课提出新的挑战。教师从学生思想实际出发，以学生关注问题为教学切入点，设计教学专题，有利于增强教学针对性，提升教学吸引力。

三、教学专题设计的理念

思想政治理论课教学与专业课教学明显的区别在于前者有极强的思想性、教育性，课程教学内容能否入心入脑，得到大学生认同接受，仅仅考虑

教学内容是远远不够的，因为人的思想政治品德的形成，离不开社会环境的作用和思想教育的影响，同时，它也是个人自主性作用的结果。学生已有的认识、生活经历等影响其对教师教授内容的选择。同时，教师教授内容能否满足学生需要也是影响学生能否关注教师讲课的重要因素。因此，专题设计要抓住重点，要满足学生主体的需求。

（一）专题设计突出学生主体地位——出发点

以人为本，立德树人，体现在高校教育方面就是以学生为本，为学生全面发展提供服务。学生的学是目的，教师的教是手段，教为学服务。教师教学要考虑不同层次高校、不同专业学生的特点。

（二）专题设计突出学生需求内容——切入点

有需求才有市场。需求是学生学习的内在动力。只要我们与时代同步、与青年学生同行，了解学生的需求，以满足学生需求为切入点，不断汲取新思想，不断运用新方法，为青年学生解决不断出现的新问题，实现教师"我要讲"向学生"我要听"转变，就一定能使"基础"课成为大学生真心喜爱、终身受益、毕生难忘的课程，从而增强教学的吸引力、感召力。

（三）专题设计突出人才培养目标——落脚点

面对个人成长中的各种困惑与烦恼，大学生如何学会运用马克思主义科学的世界观、人生观与价值观作指导，进行理性思考，进而积极应对，需要教师有的放矢加以引导。思想政治理论课的独特作用在于引领学生成长。

四、教学专题设计的原则

从学生思想实际出发，以学生关注的问题为线索，以教材的知识体系为基础，遵循教育教学规律，重新组织、编排和提炼相关知识，实现由教材体系向教学体系最终向学生认知体系的转化。

（一）一转变：主讲转为主导

专题化教学关键在于专题的设计。教师要转变教育观念，明确学生主体地位，坚持以学生为本。教师要围绕学生关注的问题巧妙设计专题，从"如何施教"转变为"怎样导学"，使学生由传统印象的教师"要我学"转变为自己"我要学"。教学以学为中心，你需我供，解疑释惑。

（二）二结合：需求与需要相结合、释惑与灌输相结合

思想政治理论课教学要充分考虑学生需求与国家、社会对人才的需要，

实现学生需求与社会需要相结合、解疑释惑与理论灌输相结合。在潜移默化中发挥思想政治理论课对大学生教育的主渠道作用。

（三）三贴近：贴近生活、贴近实际、贴近现实

任何知识都是为了解决实际问题需要而产生的，理论来源于实践，服务于实践。改变教师为教而教，学生为学而学，理论与实际脱离的现实情况，思想政治理论课教学要把抽象理论还原于生活，知识学习贴近现实，增强思想政治理论课教学的现实感。

五、教学专题的内容模块

教师通过教学专题设计，把教材内容转化为教学内容。近几年的教学实践中，我们采用了按教材体系设计专题和从学生关注的问题的角度提炼专题两种模式。教学专题设计必须考虑教材体系和学生成长中面临的现实问题，依据大学生成长基本规律，综合运用相关学科知识，教育引导大学生提高自身思想道德修养和法治素养，成长为自觉担当民族复兴大任的时代新人。

（一）从学生关注的问题的角度提炼专题模块

从学生关注的问题的角度提炼五个专题。专题一：大学与人生。探讨大学是什么，上大学为了什么，大学能给我带来什么，我怎样度过大学生活。专题二：理想与现实。期望理想的我是什么样子，现实的我是什么样子，现实的我怎样才能接近理想的我；社会与时代给予我的、我能给予社会与时代的，祖国的未来与我个人的发展，社会理想与个人理想。专题三：冲突与选择。如何看待现实社会中的负面道德行为；社会的道德规范教育能否解决人们的道德良知、道德行为问题，怎样理解公共道德、职业道德、家庭美德。专题四：约束与自由。怎样看待和追求自由；法律意识及法律信仰对人们追求自由的保护。专题五：自我与超我。内容包括我的中国心、我的价值观、我的幸福观、我的处事观、我的择业观、我的婚恋观、我的法治观等。

（二）两种模块设计对比实证研究

把通过整合教材知识点形成的专题与从学生关注的问题的角度提炼的专题进行对比分析可以看出，二者都是以教材为依据，没有脱离教材，并没有质的区别。但是，两种专题体现出两种教育理念，呈现形式区别很大。前者突出知识性，理论灌输；后者突出人文性，突出以学生为本，从学生成长需求、解决现实困惑出发，更具有吸引力。前者直接告知社会对大学生成长

成才有哪些要求与规范；后者则是带着问题，在寻求自我发展与完善中找到自由的尺度，更加明确人是社会中的人，人的本质不是单个人所固有的抽象物，在其现实性上，它是一切社会关系的总和。个人与他人及社会相互关联着，需要有道德与法律的调节，社会外在的强制性要求实则是个人发展的需要。同时，增加实践内容，解决教材内容向教学内容及学生认知的转化问题，从而形成正确的价值判断及行为选择。

思想政治理论课教学只有密切联系学生的思想实际，贴近学生的思想脉搏，在促进学生思考与学习的过程中，提高学生的思维水平和理论素养，才能让学生既掌握理论知识又能从中受益，进而解决学生的思想认识问题。从学生关注的问题的角度提炼专题进行教学，能够增强学生学习的主动性、积极性。

因此，思想政治理论课专题化教学是教师在全面系统把握教材内容的基础上，以解决学生实际问题为切入点，将教材中的知识点用专题的形式贯穿解答于学生思想困惑问题之中，引导学生运用理论去思考与解答其关注的问题，进而提高教学针对性、实效性。

探索专题化教学，就是在实践—认识—再实践的基础上，搭建从理论认知向外在行动转化的平台，使教育内容从高深转向通俗，从抽象转化为具体，从理论层面转向操作层面，这对高校思想政治教育有着积极的方法论意义。

第三节 知行转化的实践教学模式

思想政治理论课在向学生传授知识的同时，坚持正确政治方向，强化思想政治理论课价值引领功能，更主要的是突出育人功能，培养大学生认同我们现有的社会主义制度，坚持中国共产党的领导，坚定不移地走中国特色社会主义道路。思想政治理论来源于实践，根据不同的理论内容，只有采取适当的途径、方法，把思想政治理论"活化"，成为解决现实问题的强有力的"武器"，才能彰显思想政治理论的魅力。

实践教学模式的探索、研究，旨在解决教师在传授知识的过程中怎样更好地做到理论与实践相结合，学生在学的过程中怎样更好地把知识与解决现实问题相结合，促进学生顺利实现社会化。本节从研究实践教学存在的问题入手，明确实践教学内涵，研究实践教学形式、实践教学保障机制、实践教学的考评机制、实践教学的长效机制，从而提高教学实效，促进教学改革。

一、对实践教学的认识存在的问题

思想政治理论课是对大学生进行思想政治教育的主渠道，开展实践性专题教学有利于思想政治理论课教材体系向教学体系及认知体系转化，巩固思想政治理论课教学效果。高校思想政治理论课教师在探索思想政治理论课实践教学方面取得了一定的成绩。但是，对实践教学的认识仍然存在许多问题，主要表现在以下方面：

首先，对思想政治理论课实践教学认识模糊。有些教师认为，只有把学生派到社会去才能进行实践教学，而在条件、资金无法保证的情况下，不能走出去就无法开展实践教学。

其次，思想政治理论课实践教学随意性大。一些人认为，思想政治理论课就是"大而空"的学问，为了突出学生专业技能培养，尽量压缩思想政治理论课学时，当计划内学时不能满足开课学时的时候，就用实践教学学时补充。然而，由于对实践教学认识不到位，绝大多数学校思想政治理论课的实践教学学时形同虚设，没有明确的教学目标、教学计划及可行的学时安排。因此，整个教学过程中实践教学的编排缺乏规范性和可操作性，缺少制度保证，即使有计划地开展了课外的实践教学，也缺少对教师工作的量化标准，无法向课内教学学时那样得到合理的报酬。同时，由于大多数任课教师自身的实践经历和社会阅历不深，组织指导实践教学经验缺乏等原因，对学生实践教学指导也力不从心。

再次，思想政治理论课实践教学考核标准过于单一。怎样衡量思想政治理论课实践教学效果，目前只是注重书面形式结果，缺少实践过程考核。社会实践主要是以一份调查报告或心得给出大学生的实践活动成绩，评价行为缺乏科学性，导致社会实践流于形式，反而成为学生负担，形成负面影响。

最后，思想政治理论课实践教学缺乏必要的经费保障。没有经费或缺少必要的经费，制约着师生开展实践教学。由于缺少经费保障，打消了大部分教师开展课外实践教学的积极性，并产生一定的畏难情绪。

基于上述问题，实践教学相关问题研究具有重要意义。

二、思想政治理论课实践教学模式的界定

教学模式是依据一定的教学思想、教学理论和教学规律而形成的比较稳定的、比较典型的教学程序和教学方法的策略体系。对实践教学的内涵进行界定，是该问题研究的出发点。实践教学与社会实践是不同的概念。但是，在现有的研究成果中往往把二者混同，所以在探索实践教学诸多问题的时候，也很难在同一平台上进行深入探讨。

（一）实践教学、社会实践、理论教学比较

1. 实践教学与社会实践

传统意义上认为，思想政治理论课实践教学更多的是指走出去，参加社会实践活动，在实践中感知理论的正确性，深化对理论的理解。社会实践固然是学生了解社会的一种有效形式，但是作为教学形式的实践教学，可以应该有更为广泛的内涵。所谓思想政治理论课实践教学，简言之，就是富含"社会实践性内涵"的教学。把握和判定思想政治理论课实践教学的课程标准，主要不是教学场所是否"在社会"，而是教学内容是否"在社会"，即是否富含"社会实践性内涵"。实践教学就是把理论与实际结合起来，用事实说话。这个事实既可以是历史上发生过的，也可以是现实世界正在发生的；可以是在中国发生的，也可以是在外国发生的；可以是在别人身上发生的；可以是在教育者身上发生的；还可以是在受教育者身上发生的……总之，一切有助于学生加深对所学的马克思主义理论的理解的客观存在，都可视为实践教学的范畴。

2. 实践教学与理论教学

实践教学与理论教学是教学活动的不同表现形式，二者都是实现教学目的的教学环节，在围绕"育人"这一共同目标的前提下，二者相辅相成，理论教学是实践教学的前提和基础，实践教学是理论教学的延伸和补充。但是，二者又有着明显的区别，二者采取的教学途径、手段及考核标准不同，实践教学突出通过实践活动育人，理论教学突出通过道理阐释育人，具体如下，一是理论教学重在传导思想、政治、道德、法治观念，以教师讲授为主；实践教学重在教师主导下学生的亲身体验和身体力行，以学生的参与、体验为主。二是理论教学重在对理论本身的阐释，突出学生对理论的认知和掌握；实践教学重在理论的实际应用。三是二者的考核标准不同，理论教学侧重结

果评价，以考试分数为依据；实践教学侧重过程评价，以体验感受为依据。

合理把握理论教学与实践教学的关系，有利于我们解决思想政治理论课实践教学中存在的问题。

（二）实践教学模式

思想政治理论课的实践教学模式是指在特定教学环境中为教育者和学习者所共同选择的，具有一定典型意义或标准价值的教学方式。在思想政治理论课教师的组织下，为了实现思想政治理论课教育教学目标，根据既定的教学计划，利用直观鲜活的图像、案例、情境等，激活学生学习的主动性、积极性，使学生通过调研、研讨等方式直接参与教学活动，感知社会，体验人生，实现"教化"与"内化"、"知"与"行"相统一的一种教学模式。

实践教学是与理论教学相对应的教学模式，思想政治理论课实践教学模式突出研究学生对思想政治理论课外在教化（传授的知识）进行内化（认同、接受、转化为自己的思想），并外化（行为习惯、善恶观念、思维方式的养成）的比较稳定的、比较典型的教学程序和教学方法。它是指除了进行理论教学之外的所有与实践相关的教学方式，既可以体现在思想政治理论课的课堂教学之中，也可以体现在思想政治理论课课堂教学之外。人们习惯于把理论教学活动放在教室内进行，因而有人把实践教学与课堂教学相对照比较，这样理解会把实践教学排斥在课堂教学之外，显然忽略了思想政治理论课实践教学的课内场所。

深入研究新时期大学生思想变化规律，通过开展丰富多彩的实践教学活动，把教书育人、服务育人、管理育人变为广大教师的自觉行动。

三、思想政治理论课实践教学的形式

思想政治理论课实践教学从实践场所上看可分为课内实践教学与课外（校内、校外）实践教学；从内容上看可分为深化理论理解、突出理论运用的实践教学与感知社会、验证理论实效的实践教学；从组织形式上看可分为集中实践教学与分散指导的实践教学；从外延上看可分为课程实践教学与综合实践教学。在实际的实践教学中，上述划分并非截然分开，而是有机的统一。这里重点讲述按实践场所划分的实践教学。

（一）课内实践教学

课内实践教学主要是围绕课程目标，在教师的指导下，由学生参与完成的课堂实践教学活动，其形式主要包括问题教学法、案例分析法、主题讨论法、辩论法、情境化教学法、学生讲课等系列课堂实践教学法。课内实践教学具有省时、省力，便于操作，易于推广的特点。需要注意的问题是怎样模拟实践场所，增加学生直观感受，达到身临其境的效果。

（二）课外实践教学

课外实践教学主要有课外校内实践教学和校外实践教学，即延伸拓展第二课堂。

相对于思想政治教育的主渠道思想政治理论课教学的第一课堂来说，课程教学创新的延伸拓展是从有别于第一课堂的空间维度上进行的思考，即第一课堂教学的延伸拓展，开展第二课堂，促进思政教育资源整合，促进教材内容向教学内容及学生认知转化，实现理论与实践的结合。第二课堂是第一课堂的有益补充，可以解决课程学时受限、思想政治理论课作用发挥不足的问题，实现思想政治理论课课程停止而思想政治教育不止的开放式的思想政治教育课堂，做到思想政治教育全方位、全过程覆盖。

课外校内实践教学主要是指在学校党委的领导下，统筹学校资源，依据课程的教学内容及目标，按照教学计划，由思想政治理论课教师主导，依托思想政治理论课教学科研部、各学院党总支、学工部、团委等服务机构，协同专任辅导员、班主任、优秀学生带班班主任（辅导员助理）等形成的导师团队，在专、兼结合的大学生思政工作队伍的协作下，组织和引导大学生开展班委、团委活动和重大节日主题活动，结合自己专业的校内实习、实训等，有利于大学生认同中国共产党的领导，坚定地走中国特色的社会主义道路的各种实践。

校外实践教学即校外社会实践，主要是指走向社会的社会实践活动，如大学生结合自己专业实习、实训及参观、考察、调研等，将课堂理论教学活动中获得的"教化"内化为自己的人生体验，从而实现"知"与"行"统一的过程和环节。校外实践既可以集中进行，也可以分散进行。校外实践具有鲜活的感染力、冲击力，但需要投入必要的财力、人力及开辟实践场所，要有目的、有指导地进行，避免走马观花。

实践教学可以走出去，请进来，但创设并重视课内实践教学意义非同寻常。在实施人才培养的过程中，以课堂教学为主渠道，采取灵活多样的课堂教学方法，并创设课堂实践环节，注重学生多方面能力的挖掘、培养，以习近平新时代中国特色社会主义思想为指导，突出以学生为本，以学生关注的问题作为切入点，以赏识教育为出发点，确定多重学生评价体系，培养学生自信心，从学习中感受成功、体会快乐，并学会分析、解决问题，为其个性化发展创造条件。

四、思想政治理论课实践教学的保障机制

（一）制定实践教学大纲，做好制度保障

思想政治理论课实践教学大纲是开设思想政治理论课实践教学的指导文件，应把制定实践教学大纲纳入国家教材编写计划，编写教师实践教学大纲参考书。根据思想政治理论课教学目标及人才培养目标的要求，明确实践教学的学分、要求、内容、方法、手段及组织形式等内容，从而克服实践教学的盲目性，保证实践教学有序进行，提升实践教学的质量。

（二）设立实践教学经费，做好经费保障

必要的经费是开展实践教学的物质保障。在实践中，社会实践基地建设、学生参观访问、学生实地调研资助、宣传报道、成果交流和展示、成果汇编和出版、优秀调研成果的奖励等这些都需要一定的经费支出。国家出台经费的指导性意见，学校结合自身情况设立专项实践教学经费，将实践教学经费列入经常性教学经费预算中，以保证实践教学开展。

（三）合理量化教师工作量，做好师资保障

教师的指导是开展实践教学并达到预期目标不可缺少的环节，为了保障实践教学达到预期目标，实践主题的选取、实践环节的设计、实践过程的指导，需要教师按照教学目标、学生情况进行精心安排。因此，有必要与理论课教学一样做好教师实践教学工作量的量化工作。

（四）提供必要的现代化教学设备，做好技术保障

现代化教学设备及多媒体技术在教学领域中的应用，为课内实践教学的开展提供技术条件。大量的音频、视频、图片再现生动的场景，增大教学信息量，从而进行间接社会实践，弥补校外社会实践的不足。同时，利用网络空间建立精品课程，开通思想政治理论课教学公众号，推荐登录红色资源网站等，开展有特色的实践教学。

五、思想政治理论课实践教学的考评机制

（一）对学生的考评

思想政治理论课实践教学旨在解决理论与现实的关系以及理论的必要性问题，从而增强学生对我国政策的认同，增强理论自信。学生在实践参与中学习，在实践中体会，在总结中提高，作为学生课程成绩评定的实践教学，对学生而言，更加注重过程与结果相结合的评价机制。学生既可以通过参加教师统一组织的实践教学获得相应学分，也可以通过提交与思想政治理论课学习相关的实践成果申请获得相应学分。

（二）对教师的考评

思想政治理论课实践教学以思想政治理论课教师指导为保障，重点考核教师落实和完成实践教学计划的情况，是否做到实践教学事前有准备，实践过程中有指导，实践结束后有总结。

六、思想政治理论课实践教学的长效机制

理论来源于实践，在实践中检验、丰富、发展理论，从而提高思想政治理论课教学效果。思想政治理论课实践教学的运行和落实，涉及教学安排、经费保障、基地建设、政策措施等方面，都需强有力的组织领导来实现。实现思想政治理论课实践教学工作可持续发展，必须建立实践教学长效机制。

（一）规范实践教学开设

各个层次高校教师都要遵照国家要求创造一切条件，开展实践教学。在缺少国家层面指导性的教学大纲情况下，从学校实际出发，制定学校实践教学大纲，按照大纲有计划、有步骤地开展实践教学，保证实践教学持续、健康、有效地进行。

在学校党委的重视下，成立由党委书记或主管教学副校长副书记负责，由思想政治理论课教学科研部、党委宣传部、教务处、学工部、团委、财务处、后勤处等职能部门负责人参与的思想政治理论课实践教学指导委员会，负责协调思想政治理论课实践教学的实施工作，协调实践教学中遇到的问题，努力形成校内部门协作机制，形成课内、课外联动机制以及全方位育人的良好环境。

（二）丰富实践教学途径

1. 建立校外实践教学基地

高校要主动与城市社区、农村乡镇、爱国主义教育基地、企事业单位、部队、社会服务机构等联系，本着合作共建、双向受益的原则，从地方建设发展的实际需求和大学生锻炼成长的需要出发，建立多种形式的社会实践基地。因此，学校应积极主动取得社会的支持和理解，适当投入，加强建设，本着双向受益的原则，建立一系列相对固定的实践教学基地。各级政府推动有利于思想政治理论课实践教学的基地，如，革命圣地、纪念馆等场所常年免费向学校开放，大学生就可以轮流到各基地去参加社会实践活动，在活动中得到锻炼提高，从而做到校内、校外教育相结合，实现理论教育与实践教育的有机统一，促进学生知行转化，提高思想政治理论课教学实效性。

2. 建立课外第二课堂

思想政治理论课学时有限，学生的思想观、道德观、法治观等形成和巩固非一日之功。延伸课堂教学，打破课堂教学时间限制，建立课余学习活动小组，把理论与实践结合，引导、指导学生自主学习、感悟社会。

3. 整合校内日常教育资源

组建相应的学生社团，开展丰富的社团活动，寓教于乐；建立寝室文化，培养大学生自我管理和自我教育的能力；在大学学生党员组织发展方面，充分考虑发展对象的综合评定表现。学生军训、纪念日活动、技能训练、班团活动、社团活动等都承载着立德树人这一使命。通过整合上述资源，打造合力，构建学校大德育一盘棋。

4. 丰富网络学习资源

教师推荐学生浏览一些优秀网站补充学习素材，发挥 QQ、微信等交流平台的作用，沟通交流信息，起到润物无声的效果。

（三）保障实践教学经费

必要的费用是开展实践教学的资金保障。要做好实践教学项目经费预算，掌控经费花销流程，减少经费损耗。学校应将实践教学经费列入经常性教学经费预算，设立专项经费，保证正常划拨。

（四）建立专兼结合的教师队伍

注重高校思想政治理论课师资队伍的建设与管理，建立有效的实践教学激励机制，提高实践教学任课教师综合素质能力。建立起一支以思想政治理论课教学科研部专职教师为主，校内兼职教师、辅导员以及聘请的校外具有该项业务专长的专家学者为补充的专兼结合的师资队伍。同时，学校可以利用寒暑假时间分期、

分批选派思想政治理论课教师开展专题调查研究，从而提高教师对实践教学的预测性和针对性。

在实践工作中，促进学校学生思想政治教育工作的"网络化"体制的形成，即以思想政治课教学为"主渠道"进行理论方面的释疑解惑；以大学生班委、团委活动，社团活动，社会调查实践和学生的日常自我管理为"主战场"进行实践方面的情感、能力体验；以专任辅导员、优秀学生带班班主任（辅导员助理）、班主任、思想政治理论课教师等形成导师团队；以思想政治理论课教学科研部、各个校内二级机构党组织、学工部、团委等为依托形成服务机构，从而形成专兼结合的大学生思政工作队伍，构建党政群团齐抓共管的管理体制及长效机制。

（五）科学评估实践教学

构建思想政治理论课实践教学评估体系，既可以有效检验实践教学专项实践方案的执行效果，也可以获得参加社会实践活动师生的反馈信息，加强实践教学后的反思工作，为今后更好地组织学生的实践教学提供重要参考和指导。实践教学后的跟踪调查、体会交流、意见反馈都可以检验实践教学方案的效果。实践教学结果重要，过程更为重要。根据反馈信息，调整实践过程中的可控因素，为更好地开展实践教学提供重要参考和指导。例如，建立实践教学效果评估体系，做好实践教学的总结评估工作；建立教学管理信息反馈机制，教学管理者要根据该机制提供的信息及时地修正出台的制度和政策，使学生、教师、管理者三方能及时沟通信息，促进实践教学的发展和提高；建立学生评估体系，考察学生在实践教学中的参与程度，同时明确实践教学成绩在学生期末总成绩中的权重与比例。

总之，只有学校领导重视，教务处、学工部等有关职能部门才能真正重视；只有形成良好的运行体制，才能把实践教学计划制订、实践经费划拨、教师酬金计算和发放等工作落到实处；只有及时研究和解决实践教学中的具体问题，才能保证实践教学持续、健康、有效地进行。

第四节 "立德树人"的教学价值取向分析

新时代，我们需要什么样的人才？德智体美劳全面发展，缺一不可。新时代，教育工作面临怎样的紧迫要求？立德树人是根本，也是教育事业发展必须牢牢抓住的灵魂。

一、思想政治理论课教学要突出"为谁培养人、培养什么人"这一价值要求

思想政治理论课是落实立德树人根本任务的关键课程，思想政治理论课教学要为建设新时代中国特色社会主义伟大事业培养建设者和接班人。努力培养担当民族复兴大任的时代新人，培养德智体美劳全面发展的社会主义建设者和接班人。引导学生立德成人、立志成才，树立正确的世界观、人生观、价值观，坚定对马克思主义的信仰，坚定对社会主义和共产主义的信念，增强中国特色社会主义道路自信、理论自信、制度自信、文化自信，厚植爱国主义情怀，把爱国情、强国志、报国行自觉融入坚持和发展中国特色社会主义事业、建设社会主义现代化强国、实现中华民族伟大复兴的奋斗之中。大学阶段重在增强使命担当，引导学生矢志不渝听党话跟党走，争做社会主义合格建设者和可靠接班人。

二、思想政治理论课教学要突出"怎样培养人"这一创新要求

思想政治理论课教学要全面贯彻党的教育方针，坚持用习近平新时代中国特色社会主义思想铸魂育人，以政治认同、家国情怀、道德修养、法治意识、文化素养为重点，以爱党、爱国、爱社会主义、爱人民、爱集体为主线，坚持爱国和爱党、爱社会主义相统一，系统开展马克思主义理论教育，系统进行中国特色社会主义和中国梦教育、社会主义核心价值观教育、法治教育、劳动教育、心理健康教育、中华优秀传统文化教育。高校思想政治理论课教学以"社会主义核心价值观"教育为抓手，解决"怎样培养人"这一问题。

（一）社会主义核心价值观的解析

纵观近几年的研究成果，自中共十六届六中全会首次使用了"社会主义核心价值体系"这一科学命题以来，学者研究社会主义核心价值体系及价值观的成果日益增多。社会主义核心价值观的教育，关键的问题是如何将这些大的、抽象的、理论性的、与孩子现实生活有一定距离的，甚至是相对较为空洞的观点、理论转化为学生切实需要、乐意接受、能够理解的东西。这不是方法的问题，而是涉及整体的教育观念和价值的思考和转变。其核心是将社会主义核心价值体系与青少年成长发展统一起来，把社会主义核心价值体系转化为青少年自身道德发展的需要。从人的发展角度研究如何把抽象的理论转化为摸得着的现实，从外在的社会需要转变为人的自身发展需要，进而变被动接受为主动学习。

社会主义核心价值观是社会主义核心价值体系内容的高度凝练和抽象概括，它集中体现了中华民族的理想目标、信仰追求和价值规范。

（二）思想政治理论课践行社会主义核心价值观的意义

社会主义核心价值观是社会主义核心价值体系的内核，体现社会主义核心价值体系的根本性质和基本特征，反映社会主义核心价值体系的丰富内涵和实践要求，是社会主义核心价值体系的高度凝练和集中表达。把培育和践行社会主义核心价值观融入国民教育全过程。培育和践行社会主义核心价值观要从小抓起、从学校抓起。坚持育人为本、德育为先，围绕立德树人的根本任务，把社会主义核心价值观纳入国民教育总体规划，贯穿于基础教育、高等教育、职业技术教育、成人教育等各领域，落实到教育教学和管理服务各环节，覆盖到所有学校和受教育者，形成课堂教学、社会实践、校园文化多位一体的育人平台，不断完善中华优秀传统文化教育，形成爱学习、爱劳动、爱祖国活动的有效形式和长效机制，努力培养德智体美劳全面发展的社会主义建设者和接班人。适应青少年身心特点和成长规律，深化未成年人思想道德建设和大学生思想政治教育，构建大中小学有效衔接的思想政治理论课课程体系和教材体系，推动社会主义核心价值观进教材、进课堂、进学生头脑。完善学校、家庭、社会三结合的教育网络，引导广大家庭和社会各方面主动配合学校教育，以良好的家庭氛围和社会风气巩固学校教育成果，形成家庭、社会与学校携手育人的强大合力。

价值观影响着大学生的行为选择。思想政治理论课贯彻践行社会主义核心价值观问题的深入研究，有利于实现立德树人的教育宗旨。用习近平新时代中国特色社会主义思想武装大学生头脑，正确诠释时代和社会发展中不断出现的新情况、新问题，引领大学生了解、认同进而积极践行社会主义核心价值观。

1. 是大学生自身健康发展的需要

高校是青年人集聚的地方，青年意味着什么？随着改革开放的不断深入，各种社会思潮兴风作浪，思想文化多元化趋势日趋明显。面对这种状况，学会选择对大学生成长成才尤为重要。引领大学生认知、认同社会主义核心价值观，才能真正地在意识形态方面掌握主动权，树立正确的世界观、人生观、价值观，保证大学生成长为社会主义事业的合格建设者和可靠接班人。

2. 是遵循高校大学生认知规律的要求

社会主义核心价值观教育是思想政治理论课教学的重要内容，在教材与学生之间，有效的教学活动是学生领会教材精神并实现自身转变的途径。从高校大学生实际出发，深入浅出，使教材阐述的抽象理论道理具体化为解决现实问题的强大武器，这必然要求教师探索培育和践行社会主义核心价值观的有效路径。

3. 是高校育人特殊地位的要求

思想政治教育是高校按照社会的要求有目的、有意识地对大学生施加系统影响，把社会要求的思想、政治、道德和法律规范转化为大学生个体思想、道德、法律意识，以期望形成理想的人格品质的系列教育。当代大学生是中国特色社会主义事业的接班人，是未来国家建设的生力军，他们的思想政治素质如何，直接关系到党和国家的前途命运。

4. 是国家和社会发展的需要

在全社会进行社会主义核心价值观教育是增强民族凝聚力和提高国民综合素质的迫切需要。大学生思想观念趋于成型，但仍具有较大的可塑性，正处于人生观、价值观形成的关键时期。因此，按照思想教育的规律，探究当代大学生社会主义核心价值观教育的有效路径，是目前高校思想政治教育工作面临的一项重要课题。面对世界范围思想文化交流交融交锋形势下价值观较量的新态势，面对改革开放和发展社会主义市场经济条件下思想意识多元多样多变的新特点，积极培育和践行社会主义核心价值观，对于巩固马克思主义在意识形态领域的指导地位、巩固全党全国人民团结奋斗的共同思想基础，对于促进人的全面发展、引领社会全面进步，对于集聚全面建成小康社会、实现中华民族伟大复兴中国梦的强大正能量，具有重要现实意义和深远历史意义。

大学生认同社会主义核心价值观就是按照社会主义核心价值观的要求形成稳定的个体价值观，并在这一观念意识的指导下外化为自身的自觉行为并产生良好的行为结果。行为是认同结果的外化，是认同的最终目的，同时也是促进更好认同的根本途径。

（三）对大学生进行社会主义核心价值观教育的途径

第一，强化理论认知：发挥思想政治理论课主渠道作用，使学生对社会主义核心价值观的学习由"自在"转变为"自觉"。通过多年思想政治理论课教学调研可知，学生主要是通过思想政治理论课这一途径了解社会主义核心价值观的。学生对社会主义核心价值观认同与否，取决于思想政治理论课的教学效果的优劣。思想政治理论课的教学能否满足学生的认知需求，能否入脑、入心，化"传统枯燥"为"现代鲜活"，化"假、大、空"为"真、细、实"，使社会主义核心价值观成为人们价值选择的准则。因此，思想政治理论课教学改革需要从宏观到微观，以习近平新时代中国特色社会主义思想为指导，以学生为本，研究学生的需求，关注学生的成长环境。首先，研究思想政治理论课教材体系向教学体系转化，及时更新、丰富教学内容，使教材抽象的理论活化为教学生动的内容；其次，改革思想政治理论课教学方法与手段，在现有的教学条件下，选取学生乐于接受的教学形式，拓展教学渠道，充分考虑信息技术带给我们的多种变化；最后，坚持贴近生活、贴近现实、贴近学生的原则，使教育有的放矢。

第二，引导思想认同：理想与现实交融，外在要求与内在觉悟结合。社会主义核心价值观理论，一方面是我们党、我们国家理论认识的结果；另一方面又根植于人们普遍的社会生活之中。高校对学生进行社会主义核心价值观教育，通过选取身边典型案例，运用正反对比分析方法、顺水推舟法、自我剖析法、换位思考法等，把抽象的社会主义核心价值观理论还原到现实生活之中，因势利导，在选择中明辨是非，促进学生从社会主义核心价值观外在要求转为内在自觉，进而认同社会主义核心价值观，为进一步践行社会主义核心价值观奠定思想基础。

第三，促进实践践行：营造良好的校园环境，搭建多种平台，促进学生由"知"向"行"转化。通过理论教学，提升学生对社会主义核心价值观的理论认知水平；通过事例评析等实践教学，提升学生运用社会主义核心价值观分析和解决现实问题的能力，增强学生对社会主义核心价值观理论的认同程度；通过学校校园环境的改善、校园文化的建设、榜样的示范作用，发挥外在影响的正能量，强化学生对社会主义核心价值观理论的认同结果；通过丰富多彩的校园活动，展示学生对社会主义核心价值观理论的践行结果。

总之，通过上述措施，学生能够对社会主义核心价值观理论由知之不多到知之较多，由被动、一般认同到主动、肯定认同，从而坚定信念，知行统一。

社会环境不断发展变化，大学生的认知水平也在发生变化，没有最好只有更适合学生实际的途径与方法。探索培育和践行社会主义核心价值观的有效路径，搭建从理论认知向外在行动转化的平台，使教育内容从高深转向通俗，从抽象转化为具体，从理论层面指向操作层面。该问题研究对高校思想政治理论课教学创新有着积极的方法论意义。

第五章 高校思想政治理论课教学的评价

第一节 思想政治理论课教学评价的特点

思想政治理论课教育教学是一项重要的实践活动，也是一项系统工程，涉及教育教学方案、教育教学活动的实施、教育教学活动的参与等方面，目的在于造就社会需要的有良好思想道德素质的大学生。教育教学的实际效果如何？对学生是否有亲和力和针对性？是否实现了教育教学目标？人们要对教育教学活动进行科学的适时的评价，找出原因，改进教育教学工作。教学评价活动是现代教育教学活动中的一个重要的环节，是现代教育制度不可缺少的组成部分，也是有法律依据的。教学评价对于高校教育教学活动和人才培养质量有监督和导向作用，业已成为教育行政主管部门进行有效的教育管理、指导学校思想政治教育工作、提高教育教学质量和人才培养水平的重要手段，也是学校和教育工作者对自身的教育教学工作进行检查、控制、反思和改进教育教学活动的有力工具。

一、教育评价及其功能

"评价"一词在日常生活中人们经常会遇到，是指依据一定的标准对事物或人的实践活动的实际意义进行衡量。它不仅在教育领域，在社会生活的其他方面也频繁使用。教育评价是随着学校教育的发展而逐步发展的。在人类教育史上，自从有了专司教育管理的机构以后，教育评价就出现了。我国隋朝时期建立的科举制度是世界上最早的教育评价制度。但是，现代教育评价理论及方法肇始于美国。实验者提出的评价原则、方法就成为其后教育评价理论、方法的开端，并在此后相当长一段时期内在教育评价领域居于主导地位。随着各国对教育改革的重视，教育评价理论和方法也日益发展并不断成熟，新的评价模式不断提出并付诸实践，推动了各国教育评价的开展和交流互鉴，许多国家都开展了教育评价活动。在欧美、日本等教育发达国家，教育评价比较普及。

目前，人们对教育评价的认识还有分歧。一般来讲，教育评价是指通过系统地收集信息，对教育目标及实现目标的教育活动进行分析和价值判断的过程。是实施教育管理的有效手段之一。通常分以下三个阶段：确定评价对象；收集和分析各种有关信息；做出结论并将结果反馈给被评对象。涉及教育领域的一切内容。

教育评价之所以受到各国的重视是有其深层次原因的。教育是人类有目的、有计划造就社会发展需要的各类人才，传承文明，创新科技，服务社会，维系社会秩序的实践活动，其成效如何需要借助一定的手段去检视。从管理学的角度看，教育评价是教育管理过程的重要环节，利用科学的评价机制对教育教学活动进行有效的控制，纠正各种偏差过程，以保证它按照一定的价值、程序和计划顺利进行，实现育人目标。教育评价的功能体现在以下几方面。第一，它是教育管理的重要内容。教育是一项系统工程，涉及教师、学生、管理人员、课程、教材、教学设施、教学程序、规划和管理机构等，各个因素之间相互作用、相互影响，没有有效的评价机制，不能及时反馈各种信息，无法了解各要素的运行情况，无异于盲人摸象。有效的教育评价能够帮助管理者及时发现问题、解决问题，对教育教学活动进行控制和引导，提高立德树人的社会效益和经济效益。第二，它是促进教育教学改革的重要措施。高校要适应中国特色社会主义进入新时代、培养担当民族复兴大任的时代新人的新要求，改进思想政治理论课的教育教学工作、教育教学改革措施、改革方案既要顶层设计，又要周密计划并进行可行性的风险评估，在方案付诸实施过程中，要进行方案的前期、中期、后期评估，以便发现问题及时纠偏，保证改革顺利进行。第三，它是全面实施素质教育提高教育教学质量的重要手段。教育评价是对各组成要素的审视，能够发现教学过程中存在的各种问题，并分析产生这些问题的原因，从而找出解决的办法，促进教育教学健康发展。第四，它是思想政治教育学科研究的重要领域。提高实效性是思想政治理论课教育教学的永恒主题。教学实效究竟如何离不开科学有效的评价体系，怎样对教育教学进行评价需要人们去研究，拿出切实可行的方案。

近年来，关于高校思想政治教育质量评价的研究和实践不断涌现，形成了高校思想政治教育质量评价史、中外高校思想政治教育质量评价比较研究、高校思想政治教育质量评价理论基础研究、高校思想政治教育质量评价指标体系研究，高校思想政治教育质量评价在具体领域的应用等方面的研究。学界对教育评价研究的深化，必将对思想政治理论教育科学化发展起到积极促进作用。

二、教学评价及其特点作用

教育评价涉及教育领域的一切内容，评价工作比较复杂。教学评价与教育评价两者既有区别又有联系。教学评价是教育评价的主要领域，是其核心内容和基础。教学评价的对象集中在教学领域，包括教师备课、上课、教学手段方法，学习风气，师德师风，教师队伍，培养方案，专业技能，考试考核，毕业论文（设计）等方面。目前，人们对教学评价的认识也并不完全一致。一般来讲，教学评价是指对于教学工作包括教学计划，教学队伍，教学内容，教学方法，教学态度，教学效果等方面进行的正确的评估，要求评价者分别对各基本因素作出定性和定量的评价。

教学评价作为高校教学质量管理和控制的重要环节，有其自身鲜明的特点。首先，它具有实践性，是一项客观的教育教学管理实践活动。其次，评价范围具有广泛性。教育教学是学校的中心工作，人才培养质量是学校的生命线，教育教学活动包括方方面面，教学评价包括评教、评学和评价学校的管理等，要测评学生的知识、能力、素质，特别是学生的思想品德。再次，评价主体具有多样性，既有教育主管部门组织的教学评估、专项评估，也有学校自己组织的评估；既有教师评学生、学生评教师，也有教师之间、学生之间的互相评价。最后，评价方法呈现多样化，随着教育评价理论的发展，评价的方法和评价体系不断完善，既重视进行绝对评价，又重视开展相对评价，还关注个体内差异评价；既重视总结性评价，又重视形成性评价，使评价能够真实反映被评价对象的实际状况，充分利用评价信息，改进教学，提升育人培养质量。

教学评价对高校教育教学工作的重要作用主要体现在以下几方面。第一，运用教学评价反馈的信息，促进学校加强教学基本建设；第二，促进学校改进教育教学运行状况；第三，改善学校对教育教学工作的管理和质量控制；第四，高校要把教学评价作为促进学校建设的重要手段，促进学校在方方面面加强教学基本建设，提高办学水平和人才培养质量。

三、思想政治理论课教学评价及其特点

思想政治工作是学校各项工作的生命线。高校思想政治理论课是体现社会主义大学本质的课程。教育教学对学生形成良好的思想道德素质实际效果如何必须接受相应的教学评价，也就是检测其是否满足社会发展和大学生成长成才的根本需要。思想政治理论课教学评价既有一般教学评价的共性，又有其自身的特殊性，主要表现在以下几方面。

（一）鲜明的意识形态属性

马克思主义是我们立党立国的根本指导思想，也是我国大学最鲜亮的底色。思想政治理论课承担着对大学生进行系统的马克思主义理论教育的任务，是巩固马克思主义在高校意识形态领域指导地位、坚持社会主义办学方向的重要阵地，是全面贯彻党的教育方针、落实立德树人根本任务的主干渠道和核心课程，是加强和改进高校思想政治工作、实现高等教育内涵式发展的灵魂课程。思想政治理论课在我国高校育人课程体系中的重要地位，使其鲜明的意识形态属性凸显。教育教学必须坚持正确的政治方向，发挥好理论武装、思想教育、道德、法律素质修养等方面作用，强化对大学生的价值引领功能。思想政治教育教学成效如何，需要得到合理评价。教学评价是搞好大学生思想政治教育的重要环节，是实现教育教学目标的重要保障，具有鲜明的意识形态属性。学校必须确保教育教学工作坚持正确的政治方向。

高校育人工作始终要解决好"培养什么样的人，如何培养人以及为谁培养人"这个关系学校发展的根本问题，必须坚持以马克思主义为指导，全面贯彻党的教育方针，为学生成长成才打下坚实的思想道德和价值基础。综合评价教学质量。要建立健全多元评价机制，采用教师自评、学生评价、同行评价、督导评价、社会评价等多种方式，对教师教学质量进行综合评价。合理运用教师教学质量评价结果，在教师职务职称评聘标准中提高教学和教学研究占比，评价结果与绩效考核和津贴分配等挂钩，引导和鼓励思想政治理论课教师将更多时间和精力投入到教学中。可基于评价结果探索建立思想政治理论课教师课堂教学退出机制。可以说，教学评价是坚持社会主义办学方向、确保思想政治理论课的意识形态属性落到实处的根本保障。如果教育

教学不能体现意识形态性，思想政治理论课程的知识体系不能转化为学生的信仰体系，课程的价值就不能充分彰显。当然，我们强调意识形态性并不是否定思想政治理论课要遵循一般的教育教学规律，而是说我们要在遵循一般的教育教学规律基础上，遵循思想政治工作规律、教书育人规律和学生成长规律，使教育教学工作更好地满足培养德智体美劳全面发展的社会主义事业建设者和接班人的需要。

（二）评价领域的特殊性

它是由思想政治理论课教育教学所具有的鲜明意识形态性决定的。一般课程的教学目的主要是传授科学文化知识，偏重于对学生智能的培养，对其评价主要是在认知领域，这并不是说这些课程没有育人功能，这些课程应该与思想政治理论课教学同向同行。思想政治理论课教学目的是培养学生良好的思想品德，即通过学习马克思主义理论知识，帮助学生形成正确的世界观、人生观、价值观、道德观、法治观，并以此指导自己的言行，也就是把所学理论"内化于心、外化于行"。由于人的思想品德形成不仅涉及认知领域，还关涉情感、意志、信念、行为、思想意识等非认知领域，且它们之间相互作用、相互联系，共同影响人的思想品德形成。因此，对思想政治理论课的教学评价既涉及认知领域，又涉及非认知领域，这也正体现了其教学评价的特殊性。教学评价不仅要检测学生对思想政治理论的掌握程度，更为重要的是，要看教育教学工作是否满足了学校立德树人及学生思想道德素质发展的需要，学生是否树立了科学的理想信念，真正培养了运用马克思主义理论分析问题、解决问题的能力，并在日常生活中表现出良好的思想道德品行。

（三）高度的综合性

思想政治理论课教学评价涉及教学组织、教学计划、教学队伍、教学内容、教学方法、教学态度、教学效果等方面，每一方面的具体评价又可以细分为多个指标，可以说是对思想政治理论课教育教学活动的全面审视，因而具有高度的综合性。

思想政治理论课教学评价的高度综合性还体现在对教育教学实效性评价的复杂性方面。人的思想品德结构是一个以世界观为核心，由心理、思想、行为三个子系统及其多种要素按一定方式联结起来，具有稳定倾向性的多为立体结构。每一个子系统又包括若干因素，正是系统之间、各因素之间的相互联系、相互制约影响到人的思想品德的形成和变化。在信息化、全球化时代，各种思想文化交流、交锋、交融更加频繁，不可避免地会对学生的思想品德产生影响，增加了搞好教学工作的难度。思想政治理论课教学不仅要引导学生学习马克思主义理论，坚定理想信念，增强"四个自信"，还要重视学生的学习兴趣、情感、意志等心理因素，培养学生良好的行为习惯。因为，思想政治教育总是要求人们表里如一、言行一致，引导人们践行社会要求的思想品德规范。如果只停留在社会要求上，而不注重人们的行为实践，思想政治教育就不能真正发挥其育人作用。由此可见，思想政治理论课教学评价具有高度的综合性、复杂性，对其评价需要全面考量，才能得出科学合理的结论，以指导教学工作。

第二节 思想政治理论课教学评价的标准

高校思想政治理论课教学评价是对思想政治理论课教学的实际效果作出价值判断的活动，是对高校实际存在的思想政治理论课教育教学活动是否满足社会对人才思想道德素质发展的需要及大学生成长成才的需要进行的价值评判实践。教学活动是否真正满足社会及大学生的需要，可以借助于一定的标准进行衡量，没有科学的标准就无法了解教学的实际状况。教学评价标准的确定是有客观依据的，也就是从实现思想政治理论课教育教学的根本目的出发，全面衡量影响教育教学目的实现的各种要素，从而科学地把握和控制教育教学活动，使之更好地满足社会和大学生的需求，实现教育教学目标，提高人才培养质量。思想政治理论课教学评价可分为广义评价和狭义评价。广义评价是对学校的组织领导与管理体制、思想政治理论课教学、马克思主义理论学科建设、社会服务与社会影响、党的建设与思想政治工作等方面进行的全面评价；狭义评价是指对学校的思想政治理论课教学状况进行评价。无论哪种评价都需要一定的评价标准，它是对教学活动进行价值判断的依据及尺度。思想政治理论课教学评价的主体不同，评价标准也不完全一样。一般来讲，教学评价标准可以分为教学要素评价标准、教学过程评价标准、教学实际效果评价标准。

思想政治理论课是体现社会主义大学本质、全面贯彻党的教育方针、落实立德树人根本任务的主干渠道和核心课程，一直受到党和政府的高度重视。中共中央宣传部、教育部对思想政治理论课建设作出一系列部署。当然，由于我国高校校情千差万别，对标准的掌握也要因地制宜，不可能用同样的标准评价所有高校，要用发展的、联系的视野看待不同学校思想政治理论课建设的成效。

一、教学要素评价标准

教学要素也称教学因素是指构成教学活动中既独立又联系的基本实体成分。通常划分为教师、学生和教材（有时也叫课程教材、教学内容等）。也有把教学技术手段作为要素的。思想政治理论课的教学要素主要包括教学目标、教师、学生、教学内容、教学方法手段等。以教学要素为依据和尺度对思想政治理论课教育教学进行衡量称为教学要素评价标准。

（一）评价教学目标

教学目标是指教学过程中师生预期达到的学习目的和结果，是教学的出发点和最终归宿。思想政治理论课的教学目标是引导大学生树立正确的世界观、人生观、价值观，形成良好的思想品德，德智体美劳全面发展，成为中国特色社会主义事业的建设者和接班人。思想政治教育是用一定社会的思想观念、政治观点、道德规范来教育影响学生，使他们形成社会所期望的思想品德的社会实践。在思想政治理论课教学实践中，教师要准确地把握教学目标，并对教学目标进行分析，使其较为明确具体。教学目标确定了，师生的教学活动就有了方向，有利于教师教学和学生学习。评价教学目标是考察思想政治理论课程的教学目标的设定是否科学合理，是否符合思想政治工作规律、教书育人规律、大学生成长规律的要求，是否促进学生思想道德素质的进步和全面发展，是否符合培养担当民族复兴大任时代新人的要求。高校思想政治理论课教学要始终坚持不懈地传播马克思主义科学理论，用马克思主义中国化的最新理论成果武装学生，全面推进习近平新时代中国特色社会主义思想进教材、进课堂、进学生头脑，弘扬以爱国主义为核心的民族精神和以改革创新为核心的时代精神，培育和践行社会主义核心价值观，打牢大学生成长成才的科学思想及良好道德基础，不断增强大学生的获得感，使他们成为中国梦的筑梦者。

（二）评价教师

教师是教学活动的主体，是搞好教学的基本要素，教师队伍的素质状况直接影响教学质量高低。思想政治理论课教师要自觉加强师德师风修养，坚持正确的政治方向，具备扎实的马克思主义理论基础，在事关政治原则、政治立场和政治方向的问题上必须与党中央保持一致，要具有良好的思想品德、职业道德、责任意识和敬业精神，无学术不端、教学违纪行为。当然，对教师评价应该全面客观，既要重视对教师个人素质的评价，也要重视对学校整个教师队伍素质作出科学判断，因为思想政治理论课各门课程教育教学是互相联系、互相影响的，学校只有建设一支政治素质过硬、业务水平高、科研能力强、年龄职称结构合理、学历学缘优化，专兼结合的教师队伍，才能保持教学水平的持续提升。

（三）评价学生

学生是受教育对象，是思想政治理论课学习的主体，也是教育教学活动的直接参与者，对教育教学活动有着最直接、最深刻的体会和感受，教育教学的实际效果最终要体现在学生的思想道德素质方面。评价学生就是衡量思想政治理论课教育教学对学生形成良好思想道德素质产生的实际作用。因为思想道德素质的形成是在一定的外界环境条件的影响下，是人们内在的知、情、信、意、行诸要素辩证运动和发展的过程。评价学生即考查学生学习思想政治理论课后的获得感如何，是否形成了正确的世界观、人生观、价值观；是否能够正确认识世界和中国发展大势，正确认识中国特色和国际比较，正确认识时代责任和历史使命，正确认识远大抱负和脚踏实地；是否提高了政治觉悟、道德品质、文化素养，坚定中国特色社会主义道路自信、理论自信、制度自信、文化自信，并把所学理论知识内化于心、外化于行。与评价教师一样，评价学生时不仅要看个别学生的思想道德素质状况，还要考察作为一个整体的学生，在学习思想政治理论课后的获得感如何，也就是看学习思想政治理论课是否提高了整体学生的思想道德素质，促进了他们德智体美劳全面发展。

（四）评价教学内容

思想政治理论课的教学内容是师生教育教学活动的依据，是学校根据国家规定的教育教学目标借助课程体系、教材体系及知识体系，教授给学生的思想和观点，传递的知识和技能，培养的行为和习惯的总和。评价教学内容主要考察课程教学计划、教学大纲、使用马克思主义理论研究和建设工程重点教材及根据"05方案"和学校人才培育层次，落实课程设置、学分、学时等情况。教学计划是实施教学的具体方案，是保证教学质量及人才培养规格的规范性文件，是组织教学活动、安排教学任务、确定教学编制的基本依据。对其评价主要考察教学计划是否遵循课程教学目标和基本要求，是否符合循序渐进的教学原则，是否符合培养对象所要求的教学内容及目的，教学计划的针对性、相关性、协调性等。教学大纲是以纲要的形式编制有关学科的教学内容和基本要求的指导性文件，要体现思想政治教育学科的性质、教育教学规律及学生思想道德素质形成的要求，必须切合学生思想实际，符合培养担当民族复兴大任时代新人的要求。目前，高校基本上使用的是马克思主义理论研究和建设工程重点教材，自教材问世以来，经过多次修订不断完善，充分体现了马克思主义理论学科发展的新成果，教育部、各省（市）教育主管部门通过多种形式对教师使用教材进行培训，使教师熟悉教材的新变化及教学的新要求。对教学内容的评价还要注意教学计划、教学大纲、教材三者之间的关系，教师通过教学大纲、计划等环节，做好解读教材，进行教学前的一切准备工作，更好地把教材体系转化为教学体系，把知识体系转化为信仰体系。

（五）评价教学方法及手段

教学方法是教学的中介，是教育者对受教育者实施教学活动的基本方式。教学手段是教育者经由教学内容联系受教育者的桥梁，是师生互相交流信息的物质基础。教学方法及手段作为教学活动的媒介对思想政治理论课的教学效果有重要影响。评价教学方法主要是考察教师能否从教材、教学内容、学生思想实际出发，因事而化、因时而进、因势而新，灵活运用多种教学方法进行教学，同时要注意对教学方法的科学性、针对性、综合性、创新性进行评价，促进教学方法的改革与创新。评价教学手段主要看教师在利用传统教学手段基础上，能否熟练地运用多媒体等新技术进行教学，利用移动互联网、微信、微博等新媒体技术搭建师生交流的渠道和平台，做好两种教学手段的整合。

三、教学过程评价标准

凡是为实现既定的思想政治教育任务，有目的地对受教育者施加教育影响的过程，都是思想政治教育过程。思想政治理论课教学活动是由多种教学要素构成的矛盾统一体，是一个有明确的教育教学目的、由教育者和受教育者共同参与的动态活动过程，该过程可以分为教学前期、中期、后期三个阶段。对教学质量的评价也可以从考察教学过程入手，这种以教学过程为评价对象所运用的评价标准被称为教学过程评价标准。由于教学过程分为不同阶段，对于不同阶段的评价可以采用相应标准。对思想政治理论课教学前期阶段的评价，需要考察的具体内容包括教材选用、教学大纲、教学计划、教师素质等。教材是教学体系的根本，是搞好教学的基础，高校要按照教育部规定使用马克思主义理论研究和建设工程重点教材，认真组织教师参加新教材的学习培训，通过集体备课等形式研究学习新修订的教材。教师要制作好课件，收集整理教学参考资料，教学活动也必须充分体现马克思主义理论研究的最新成果。教学大纲的制定必须符合教育部的规定，将社会需求人才的规格作为制定教学大纲的质量依据，充分体现大学生思想道德素质形成和发展要求，切合学生思想实际，设定目标具有可操作性。教学计划和授课计划要体现循序渐进、因材施教的原则，符合学校对所培养学生要求的教学内容和教学目的，要科学把握教学计划的针对性、关联性、协调性等。教师素质要能胜任所承担的教学任务，教师队伍的整体结构要优化，年龄梯队结构要合理，具备高、中、初职称结构比例，具有博士学位的教师要占一定比例。教学中期是学习课程的重要时期，学生通过学习掌握了一定的马克思主义理论知识，但这些所学知识还只是初步的、外化的，必须为学生在思想上认同，然后才能引起思想行为方面的变化，也就是形成社会所期望的思想品德。中期评价标准主要体现在教学内容、教学方法手段、教书育人、教学实践等方面。教学内容方面，要使教材体系充分地转化为教学体系，体现思想政治理论课的理论魅力、真理力量、时代特征、地方特色、学校优势。教学方法手段方面，应坚持灵活多样，富有创新意识，师生双向互动，改变"满堂灌"的填鸭式教学，运用信息技术手段增强教学的立体感、动态感、亲和力。教书育人方面，要注重学以致用，知行合一，言传身教，塑造学生的心灵。教学实践方面，理论学习与社会实践结合，按照教学计划把讲授、答疑、批改作业、指导学生开展调查等有机结合起来，培养学生运用马克思主义立场、观点、方法分析解决问题的能力。后期评价标准主要考察教学目标与考核结果的吻合度，即通过命题、考试、阅卷、评分、试卷分析等环节，检验学生学习思想政治理论课后，是否真正做到"内化于心，外化于行"，形成良好的思想道德素质。当然，由于人的思想具有活跃、易变、隐蔽等特点，单凭考试成绩高低，还很难评价学生的思想品德状况。我们要注意运用科学的评价标准来引导教学活动，改变传统的考核方式，综合施策，实现思想政治理论课的教育教学目标。

四、教学实际效果评价标准

教学是上好思想政治理论课的根本环节，决定着课程建设目标的实现程度，增强教学实效性是思想政治理论课教学的永恒主题。以教学的实际效果为对象所进行的教学评价就称为教学实际效果评价，或称作教学结果评价。在教学效果评价过程中所运用的评价依据即教学实际效果评价标准。实际效果或实效性是任何教育教学活动均追求的目标，它的表现是多方面的，有人提出思想政治理论课的实际效果主要体现在以下两方面：一是显性效果，即思想政治理论课课堂教学的直接效果；二是隐性效果或潜在效果，即思想政治理论课教学对学生长远的实际影响。不管人们怎样理解思想政治理论课教学的实际效果，关键是看它在多大程度上促进了大学生全面发展和满足大学生成长成才的需要。有亲和力和针对性的思想政治理论课教育教学能够对大学生的思想政治素质、道德素质、法治素质、心理素质等方面产生积极促进作用并为大学生一生的成长打下坚实基础，在这个意义上才能讲，思想政治理论课是学生"真心喜爱、终生难忘、毕生受益"的优秀课程。目前，专家学者对实效评价标准的认识意见还不完全一致，教学实际效果标准主要有课堂教学效果、理论知识效果、能力培养效果、思想品德效果标准等。

（一）课堂教学效果标准

要用好课堂教学这个主渠道，课堂教学无疑是思想政治理论课的主阵地，也是教学评价最好的观测点，该标准主要考察教师授课及学生在课堂上的学习表现情况。思想政治理论课的实际效果最明显体现在课堂上，课堂教学效果是评价教学质量优劣的重要标准。如果教师上课有亲和力和针对性，学生都能自觉到课堂、不迟到、不早退，听课认真，注意力集中，抬头率高，师生有效互动，就会获得较好的教学效果。反之，教师在课堂讲课缺乏针对性，学生到课堂学习人数不足，不注意听讲，玩手机，做与课堂学习无关的事情，抬头率低，回答教师提问不主动，甚至睡觉、逃课，教学效果可想而知。强化课堂教学纪律，健全课堂教学管理办法。具有完备的教学内容和教学质量监测管理制度。

（二）理论知识效果标准

虽然思想政治理论课教学有鲜明的意识形态性，但是，马克思主义理论的强大生命力源于它在实践基础上的科学性与革命性的高度统一，是科学的世界观和方法论，是为人类谋解放的思想武器，具有与时俱进的理论品质。大学生只有系统学习马克思主义，掌握其基本原理、基本观点、基本方法，才能从思想上接受它、认同它、内化它并运用它。因此，教学工作要坚持理论联系实际原则，贴近实际、贴近学生、贴近生活，用马克思主义中国化的最新理论成果武装学生头脑，帮助学生认识人生应该在哪用力、对谁用情、如何用心、做什么样的人。理论知识效果标准就是通过对学生的作业、实践报告、考试或考核成绩状况等进行测量以考查学生对马克思主义基本理论、基本知识、基本技能的理解、掌握情况，以此来衡量教学的实际效果。

（三）能力培养效果标准

思想政治理论课教学的目的不仅在于帮助学生系统掌握马克思主义理论，而且在于形成科学的世界观和方法论，培养学生运用马克思主义立场、观点、方法分析问题和解决问题的能力。中国特色社会主义进入新时代，改革开放、决胜全面建成小康社会、实现中国梦，对人才素质提出新的要求，学习马克思主义理论有助于培养辩证思维能力，帮助大学生正确看待社会热点难点问题，自觉地辨别和抵制各种不良的思想文化的影响，在提高思想道德素质基础上，不断增强服务社会建功立业的本领。

（四）思想品德效果标准

思想政治理论课教学是教育者对学生进行系统的思想政治教育及道德法治教育，使受教育者形成社会所期望的思想品德的实践活动。因而，教学活动不仅注重把科学的理论知识内化为学生的思想道德素质，引导学生树立正确的世界观、人生观、价值观，确立共产主义远大理想和中国特色社会主义共同理想，增强"四个自信"，弘扬以爱国主义为核心的民族精神和以改革创新为核心的时代精神，立志肩负民族复兴的时代重任，而且更加注重把学生的思想道德素质体现在日常的思想行为方面，即在一定的认识、情感、意志及信念的支配下，表现出自觉履行一定的思想道德义务的实际行动，也就是把"知"转化为"行"，做到知行合一，让大学生在品德修养上下功夫，培育和践行社会主义核心价值观，做有大德大爱情怀的人。在一定意义上讲，前面三个评价标准最终都是为保障思想政治理论课教学能够有效地塑造和培养学生良好的思想品德服务的，只有这样才能实现"真学、真懂、真信、真用"的教学目标。

当然，对于思想政治理论课教学的科学评价，仍有一些理论和实践上的问题需要我们去研究探讨，只要我们立足国情及教育教学实践就一定能够不断地完善评价体系及评价标准，使之更加符合我国高校思想政治理论课建设的实际状况。重要的是要深化教育体制改革，健全立德树人落实机制，扭转不科学的教育评价导向，坚决克服唯分数、唯升学、唯文凭、唯论文、唯帽子的顽瘴痼疾，从根本上解决教育评价指挥棒问题。

第三节 思想政治理论课教学评价的方法

思想政治理论课教学评价需要借助一定的方法，只有采取切实可行的方法进行评价，才能反映教育教学的真实状态，从而对教育教学工作进行有效的调控，改善教学工作，提高教学质量。

一、教学评价方法类型

思想政治理论课教学评价的方式多种多样，根据不同的分类标准可以作出不同的划分。按评价的量化程度，可分为定量评价与定性评价；按评价的参照系，可分为诊断性评价、形成性评价、总结性评价；按评价对象存在的状态，可分为静态评价和动态评价；按评价主体，可分为教师评价、学生评价、同行评价、督导评价、社会评价。当然，还有其他的分类方法。

（一）定量评价与定性评价

任何事物均有质和量的规定性，教学活动也如此。定量评价又称为量化评价方法，是对事物进行全面的量化分析，在量化基础上确定可以用数量考核的指标，并以此对教学进行评价的方法。也就是用一定的数量来衡量评价对象所处的数值或状况，以判断其实际情况，它能够使一些模糊不易观察的概念数量化，从而避免了评价的随意性及主观性。该方法有一定的局限性，因为不是所有的评价对象都可以量化，有些内容是难以用数量来衡量的，我们不可能将所有评价对象都数量化。定量评价常用的方法有统计分析方法、加权定量评分法、模糊综合评判法等。

定性评价是对评价对象的特征和信息进行分析后，明确性质的标准，依据性质标准对评价对象所作出的判断。对于一些难以用数量评价的内容，用定性评价的方法比较合适，如学生的学习态度。定性评价常用方法有等级评定法、评语评定法等。

（二）诊断性评价、形成性评价、总结性评价

诊断性评价是在教学活动正式开始之前或进行之中，采用要素评价之标准对教学活动的要素进行评价。目的在于检视教学工作的准备情况或教学运行的实际态势，为改进和提高教育教学活动的实效性提供依据。

形成性评价也称过程性评价，它是指运用过程评价标准，在教学过程中每个形成性的学习单元之间开展的评价。形成性评价目的是改进教学过程，使教学活动顺利进行并取得实际效果，其基本思想是采取频繁的信息反馈和根据学生学习需要的满足状况进行评价，以提高教学的有效性。

总结性评价也称为终结性评价，它采用实效性标准，对一个阶段的教学工作作出总结评价，它是在一门课程教学结束后进行的，目的是审视教学目标是否实现，是否取得了实际效果，并将评价中发现需要改进的教学环节，在以后的教学活动中予以完善。

（三）静态评价和动态评价

静态评价是在教学活动处于秩序相对稳定的情形下对其进行的评价。比如在新的学期开始后，教学工作步入正常轨道，可以对其进行此类评价。动态评价是指在一定的时间、空间和情景序列下，考察评价对象各要素变化的情况，对其进行价值评判。动态评价主要是立足于评价对象的进步、变化、发展的实际情况，把近期状态与远期发展变化的态势结合起来进行评价。比如，教育主管部门可以组织专家、管理人员采用动态评价的方法对思想政治理论课建设的新要求在各高校、教学单位是否贯彻落实开展此类评价。

（四）教师评价、学生评价、同行评价、督导评价、社会评价

教师评价是指思想政治理论课教师作为评价主体对教学活动进行的评价。在教学活动中教师的作用非常重要，教师教学水平的高低直接影响学生学习积极性和实效性，对教师教学活动进行科学评价，获得思想政治课程及教学活动的信息并将其反馈给教师，是提高教学水平和质量的重要途径。教学评价的对象既可以是教学的要素和教学过程，也可以是教学的实际效果，这种评价实际上是教师对教育教学的自我评价。客观公平的自我评价能够促进教师不断地自我反省、自我提高，增强责任意识，从而改进与创新教育教学，提高教学能力与教学水平。

学生评价是指参与思想政治理论课学习的学生作为评价主体对教学活动进行的评价。由于学生是教学活动的直接对象，对教师的教学态度、工作投入、学术水平、课堂讲授的娴熟程度、教学方法、治学与做人等方面最为了解，且学生人数较多，其评价结果具有广泛性、完整性、公平性，应该作为教学评价的重要渠道。学生评价可以充分调动学生参与教学活动的积极性，体现了尊重学生学习的主体地位的教学要求，学生在评价教师教学活动的过程中也会引发自己去反思教学活动，进行自我评判，对于促进学生增强学习的主动性有重要意义。

同行评价又称为教师互评，是指思想政治理论课教师作为评价主体对其他教师的教学进行的评价。俗话说，"外行看热闹、内行看门道"，通过听课、评课，教师之间互相了解，互相交流，取长补短，共同提高。同行评价可以由学校、学院、教研室组织结合教研活动来进行，评价过程应客观公正，避免人为因素干扰。

督导评价是由学校督导人员为评价主体对思想政治理论课教学进行的评价。督导人员可以聘请熟悉业务的教学管理人员、退休教师担任，也可由在职教师担任。教学督导是我国高校教学质量监控体系的一个重要组成部分，具有监督、指导、检查、评价、反馈的职能，对于保证教学质量提升有重要意义。

社会评价是指以社会为评价主体对思想政治理论课教学进行的评价。我们所讲的社会是指相对于学校和个体的教学活动而言的。凡是学校以外、思想政治理论课教学工作之外的社会群体，例如，用人单位、机关或个体对思

想政治理论课进行的评价均可称为社会评价。教师评价、学生评价、同行评价都是指参与具体的教学活动的教师或学生对思想政治理论课教学所作的评价。社会评价则不同，其评价主体是学校之外的、没有直接从事思想政治理论课教或学的单位及个人，在这个意义上讲，社会评价可看作第三方评价。

思想政治理论课教学不能自说自话，实际效果如何需要社会作出评价。社会评价可以形成对思想政治理论课教育教学的发展有重要影响的舆论场域，这种舆论场域以不同的性质既可以对思想政治理论课教学具有建设性、肯定性的作用与价值，促进教育教学的改革与发展；也可以具有阻碍性、否定性的意义及作用，制约着教育教学的深化和推进。当然，一方面，客观的社会评价能够反映社会群体或个体对思想政治理论课教学的了解状况、期待、要求及建议；另一方面，也可能因为评价主体不了解思想政治理论课教学的实际情况，从而对教育教学产生偏见甚至误解。出现上述情况，需要我们对具体情况进行分析和研究，对社会评价进行合理的引导，以求实事求是地反映教学的真实状况。

在教学评价工作中，我们应该综合运用上述五种评价，把教师、学生、同行、督导、社会评价有机结合起来，五种评价中，单纯靠任何一方面的评价都是不全面的，都不可能完全掌握教育教学的实际情况，也不可能促进教学过程良性顺畅运行。

二、教学评价具体方法

无论进行何种评价，评价主体都要对所收集的各种教学信息资料展开具体的研判，以此去诊断教学的实际运行情况，并反馈到教学活动中。评价对象包括教师、学生、管理人员、教学目标、教学计划、教材、教学程序、规划、机构等。思想政治理论课教学评价运用的具体方法有课堂观察法、调查法、测验法、查阅文献资料法、专家判断法等。

（一）课堂观察法

它一般是由管理者或同行专家采取实地听课方式来了解教师教学和学生学习状况的方法。教学评价要观察教学运行的基本状态，课堂观察的目的就是要全面了解"教"与"学"，如教师的教学态度、教学内容、语言表达能力、教学方法手段、课堂氛围，学生到课率、注意力、师生互动等情况。通过课堂观察评价者可以了解一个班级或一所学校教学运行的基本情况。当然，由于被观察者知道评价者在观察自己，他们的行为可能与平时不完全一样，或者有意掩饰某些弱点，导致观察的结果不完全可靠，为提高观察的准确性，可以多观察一些班级学生上课的情况，提高评价的可信度。

（二）调查法

该方法是全面了解教学活动基本情况，收集相关教学信息资料，对其进行价值判断的一种方法。评价主体要了解教学活动的基本情况，可以运用这一方法，比如，想要了解一所学校思想政治理论课教师队伍的状况，就可以运用此方法。调查法往往带有一定的主观性，了解的调查对象的情况也不一定全面，与实际状况会有一定的误差。调查者需要对调查信息进行全面的分析研究，可以把它作为一种教学评价的辅助方法。调查一般可以通过问卷调查和访谈、座谈方式进行，调查者要合理设计问卷，注意收集质和量两方面的信息。

（三）测验法

测验是考核、测定学生学习成绩的基本方法。它适宜于对学生学习效果及人格个性因素进行判断。测验法的优点是便于评价主体在同一时间内运用相同的试卷对大量的测试对象进行衡量，从而收集大量的可供观察研究的教学信息。该方法简便易行，操作简单，运用广泛，结果比较可靠，在教学评价中受到重视。

（四）查阅文献资料法

它是指查阅与教学工作相关的现有的文件、书面材料等对其进行全面的分析作出评价的方法。这些材料是在教学工作过程中长期积累下来的，比如贯彻落实上级文件精神的有关文件、教学管理制度、教学工作总结、专业培养方案、教学计划、课程进度表、教研室活动记录、教师的教案、学生作业试卷、实践课成绩等，除非故意造假，否则，它会真实客观地反映一所学校思想政治理论课教学运行的情况，是一种非常实用的评价方法。

（五）专家判断法

它是指专家运用精湛专业知识和技能，对教学活动进行诊断，发表建议和意见，以便改进教育教学工作的方法。由于评价来自专业人士，评价结果往往具有科学性、权威性及说服力。专家在评价过程中可以提供中肯的意见、建议、批评，对被评价者的工作给予引导、支持、帮助。当然，专家判断法需要选好选准专家并注意选择不同地域不同专长的专家，收集各方面专家的意见，专家判断法可以采取实地考察方法、会议研讨法、送审法、内容分析法等方法。

第四节 思想政治理论课教学评价的组织实施

教学评价的实施是指评价主体基于一定的目的、按照一定的原则和评价标准对教育教学工作进行具体的评价活动。教学评价的原则体现了人们对思想政治理论课教育教学规律的认识水平，对于开展评价活动具有重要的指导意义。

一、思想政治理论课教育教学评价的实施原则与导向

思想政治理论课教学评价是一项涉及多个方面的实践活动，遵循一定的原则进行。德育考评应坚持实事求是，采用科学方法和技术手段进行整体考核和综合评定，力求客观公正。应当以事实为依据，做到动态考评与静态考评相结合，定性考评与定量考评，全面考评与重点考评相结合，阶段性考评与总结性考评相结合，教师考评与学生考评相结合。在考评过程中，要贯穿教育，注重实效。要激发学生参与的积极性，引导学生自我评价、自我教育。我们应该在尊重事实的基础上开展教学评价，坚持动态评价与静态评价相结合；定性评价与定量评价相结合；全面评价与重点评价相结合；阶段性评价与总结性评价相结合；教师评价与学生评价、同行评价、督导评价、社会评价相结合的原则，只有坚持这些原则对教学进行综合评价，才能形成全面、客观、公正、令人信服的评价结果，为教学实际情况把好脉，促进教学建设、教学改革与发展。

教学评价的目的在于促进思想政治理论课教育教学取得实际效果，也就是促进大学生形成良好的思想品德，评价应坚持正确的导向。思想政治教育获得感是指教育对象对自身在接受思想政治教育的过程中或过程后，获得的精神利益及其对该获得内容的积极主观体验。其形成的过程大致为以下三个阶段：第一，获取：寻求思想政治教育给予的精神利益；第二，映射：得到的精神利益与自身心理预期的关联；第三，行动：得到的精神利益与客观现实的契合检验。思想政治理论课教学要主动对标，努力让学生学习后有获

得感。

（一）有虚有实

思想政治理论教学要自觉体现务虚与务实相结合，发扬理论联系实际的优良学风，通过"虚"的理论学习和讲"大道理"，让学生掌握马克思主义的基本原理、基本观点、基本方法，从而树立正确的"三观"。引导学生把理论运用于中国特色社会主义实践，以我们正在做的事情为中心，解疑释惑，使学生真切感受地到思想政治理论教学对他们成长的价值，增强学习的获得感。

（二）有棱有角

思想政治理论教学具有鲜明的意识形态性，必须旗帜鲜明地把坚持正确的政治方向放在第一位，充分体现马克思主义的指导地位，以科学理论武装人，增强大学生的政治意识和理论思维水平，将思想政治理论课的意识形态目标与高校育人目标有机结合起来。思想政治理论课教师一方面要坚定地捍卫马克思主义对高校意识形态的指导地位，培育和践行社会主义核心价值观；另一方面，要警惕西方国家在意识形态领域对高校的渗透和影响，在大是大非面前保持清醒头脑，敢于亮剑，敢于发声，自觉抵制各种错误思潮的冲击。因为我国高等教育发展方向要同我国发展的现实目标和未来方向紧密联系在一起，为人民服务，为中国共产党治国理政服务，为巩固和发展中国特色社会主义制度服务，为改革开放和社会主义现代化建设服务。

（三）有情有义

思想政治理论教学的对象是学生，从根本上讲是做人的工作，要将教学与学生思想实际紧密联系起来，关爱学生，解决学生在学习、生活、就业等方面遇到的难题。善于运用富有时代气息的话语，找准学生思想情感的共鸣点，发挥润物细无声的功能，在关心人和帮助人的过程中实现教育人的目的，增强亲和力。

（四）有滋有味

思想政治理论教学内容十分丰富，营养多多，但要经过学生的"消化"才能充分被吸收并变成他们的思想道德素质。让学生愿意"吃"这些丰富的养料并积极吸收，需要教师在"配方、工艺、包装"等方面下一番功夫。为此，要创新教学方法手段，针对不同的教学内容和学生思想特点，采取多样的教学方法手段，调动学生学习积极性、参与性，变单项"灌输"为双向互动。还要提高教师运用信息技术的能力，依托网络、新媒体构建课堂与课下，线上与线下相结合的混合教学模式，拓展教学的时间和空间，为学生学习提供便利。

二、思想政治理论课教学评价的实施步骤

思想政治理论课教学评价的实施步骤是指运用教学评价的原则和具体方法，对评价对象进行教育教学评价的操作程序。教学评价可以按下面几个程序具体实施。

（一）明确评价目的

任何教学评价都是人们有目的的教育实践活动，要想比较成功地开展教学评价，在评价活动开始之前，首先，我们必须明确评价的目的，搞清楚"为什么要评价"。有了明确的目的，才能确保教学评价的方向，才能形成与相应评价目的相适应的评价工作方案，从而有序开展评价工作。思想政治理论课的教学评价亦是如此，在开展评价之前，我们应该认真研究并形成共识，明确评价目的，并在评价工作中予以体现。开展思想政治理论课教学评价的目的主要在于维系运作、调控过程，强化管理、加强建设，促进发展、增强实效等。由于高校的校情不同，思想政治理论课教学的条件也不一样，评价的着眼点也应该有区别，要因地制宜，不能一把尺子，衡量所有的学校。只有明确了评价目的，才能有效地开展评价工作，发挥评价对思想政治理论课建设的指导作用。

（二）确定评价标准

明确评价目的之后，我们还要确定评价标准，它是教学评价的关键，有了标准才能开展具体的评价工作。确定评价标准的过程就是教学过程各方面具体化、现实化的过程。在教学评价中，评价标准与评价目的紧密相连，必须以评价目的为依据，明确评价什么，哪些要素要评，哪些要素可以不评，哪些要素要重点评，是评价教师的素质，还是评价课堂教学的实际效果，等等。教学目标也就是对教学活动所要取得的实际效果的理想状况的一种表达，在任何教学评价中，评价标准与教学目标均有紧密的联系，在一定意义上讲，教学评价就是要判断思想政治理论课的教学目标是否实现以及在多大程度上实现了我们所预期的教学目标。在评价教学要素时，评价标准的确定过程就是比较理想的教学要素特征的具体化、细分化、可控化的过程。教学评价标准的确定是一个非常复杂的工作，需要花费大量的劳动，只有深入研究，对思想政治理论课教学的各个环节全面了解，才能制定切实可行的评价标准，评价标准发生偏差或者不科学，评价结果的可信度都会受到影响。

（三）选择评价类型

前面我们已经讲到评价的类型按不同分类可以有很多种，评价的目的、评价标准、评价对象不同，评价的类型也不一样。在思想政治理论课教学的具体评价工作中，我们要从实际出发，选择合适的评价类型。例如，对思想政治理论课教学的实际效果进行评价，运用总结性评价比较合适；对思想政治理论课的教学过程进行评价，选择形成性评价比较适宜。实际上思想政治理论课教学评价工作，不是仅靠一种方法就能够全面客观地完成，我们需要运用多种办法进行综合评价才能得出可靠的结论。例如，我们要了解一所学校思想政治理论课教学的情况，就可以运用定性评价、定量评价、教师评价、学生评价、同行评价、督导评价、社会评价等多种方法。在所有的评价类型中，我们要重视学生评价，传统的教学评价以教师为中心，评定一堂课的教学效果也是从教师的角度出发。现代教学的评价把重点放在关注学生的学上，强调教学内容与学生生活以及现代社会和科技发展相联系，倡导主动、合作、探究式的学习方式，重视使学生学会学习和形成正确的价值观。因此，教学评价需要多听听学生的意见，让学生有更多的获得感。

（四）制订评价方案

明确了评价目的、标准、类型后，我们需要制订具体评价方案。评价方案是进行评价工作的"路线图"，需要评价主体进行周密、具体、细致、综合的设计和安排。评价方案，一般包括评价目的、评价标准、评价对象、评价类型、评价人员的组成、评价的技术运用、评价结果的形成、评价结果的运用、评价结果的检验等。制定评价方案时，要有一定的灵活性，不能规定得过于死板，便于评价人员更好地开展工作；一般还应该制定相应的备用方案，在评价人员及评价条件发生变化时使用。评价方案的正式文本要在领导、专家多次研究论证的基础上确定，以便实施。

（五）组织实施评价

它是将具体的教学评价方案予以具体实施的过程。教学评价的具体实施涉及方方面面和多个教学环节。在评价进行之前，要对评价人员进行相关的业务培训使其掌握好评价标准，对评价工作进行布置并对参与评价的人员提出要求；对被评价的对象要做好教学评价的动员发动工作，要求被评价对象正确对待评价；要做好评价材料的印刷工作，还要准备好专家需要调阅的教学文件、教学资料，等等；要组织好对评价工作的监督、指导、检查工作，确保评价工作按照方案顺利进行。

（六）总结评价成果

它是指在评价工作结束以后，具体参与评价的人员对评价过程中所收集的教学文件、资料、信息等进行整理归类、统计分析，召开评价人员会议进行综合研判，形成正式的评价结论或评价报告。评价成果是对被评价对象予以信息反馈的基本形式，肯定被评价对象教学工作所取得的成绩，指出教学工作存在的问题和不足，使被评价对象在以后思想政治理论课教育教学工作中重视并解决。在评价成果形成的过程中，评价人员要坚持客观、公正、公平的立场，以发展的眼光看待被评价对象，不能依个人好恶运用评价工作中获得的各种信息，对评价对象作出不公正的评价。另外，作为评价工作的一个环节，评价成果还应包括对教学评价活动本身进行总结，即对思想政治理论课教学评价进行评价，检验本次教学评价的有效度、公信度、准确度，以此来改进教育教学评价工作，提高评价工作的水平，使之更加全面、客观、公正并有效率。

（七）促进教学建设与发展

教学评价作为一个具有价值判断的手段，其目的在于找准问题、对症下药，解决制约思想政治理论课建设和发展的矛盾。因此，被评价对象要把评价结果或评价报告及时地向领导、教师、学生反馈，让参与思想政治理论课教育教学的相关人员，了解评价结果；以正确的态度对待评价结果，既要看到自己工作取得的成绩，也要明确教学工作存在的不足和问题，总结经验教训，按照教育部及所在地区教育主管部门的要求，对照高校马克思主义学院、思想政治理论课建设的标准，实事求是制定相应的对策，在以后教学工作中加以改进，提高思想政治理论课教育教学水平和质量，为培养担当民族复兴大任的时代新人做出贡献。

第六章 新时代高校思想政治理论课教学改革保障机制

第一节 发挥学生的主体作用

一、培养大学生的自主学习能力

21世纪是知识经济时代,激烈的职业竞争,对从业者的要求不但起点高,而且要求其不断更新知识,提高和扩展技能。具备自学能力是拓展知识面的前提,是实现知识更新的重要手段。因此,笔者认为应加强学生"我要学""我会学"的思想认识,充分利用时间,培养学生的自学能力。

对于高职学生来说,职业教育以动手能力培养为中心,以实际性为主要特征,充分满足学生操作能力的学习需求,从而形成了一种全新的、开放的、交互的、启发式的、有利于学生提高整体素质和动手能力的教学模式。在职业教育教学的过程中,充分体现培养学生自主学习能力,强化教师的导学地位和教学支持服务。学生根据不同的学习条件和学习需求,利用各种学习手段进行师生交互和非交互学习,教师进行面授辅导。教师充分利用现代多种媒体教育技术,同学生进行实时或非实时信息交流,实现对学生自主学习过程的引导和辅导。学生要发展自身素质,构建自身素质结构,不可能完全自发地实现,必须要有教育机构与教师的管理、指导和帮助。在职业教育的教学过程中,首先要让学生从知识的被动接收者转变为主动参与者和积极探索者,在发挥教师主导作用的同时,充分发挥学生的主体作用,要为学生的积极参与创造条件,引导学生去思考、去探索去发现,要鼓励学生大胆提出问题,改变过去讲细、讲透的教学方法。

自主学习能力的培养。建构主义学习理论强调知识并不能简单地由教师或其他人传授给学生，而只能由每一个学生依据已有的知识和经验主动加以构建，是一种主动学习的过程。每个人都会有这样的体会，当自己学习动机很强，学习目的明确（主动建构）时，有些知识是原来比较难理解的，由于自己主动学习，似乎也没想象中的那么难，比较容易理解；也有一些知识观点与自己原有的观点有冲突、矛盾，难以接受，但经过不断地接受这方面的刺激信息，不断改变自己的认知结构，直至逐渐接受使之成为自己的知识，逐渐顺化了。这些内容的提出，对传统的"以教师为中心"的教学理念形成挑战之势，建构主义的理念和策略对我国大学及高职教学改革实践具有积极的指导意义。

（一）以"学习者为中心"的策略

以教师为中心向以学生为中心的转变。传统的教学把课堂当作传授信息与知识的"输送带"，大多情况下，学生是被动地接受教师传授的知识，这无意中扼杀了学生的学习自主性，因为教师本身也不自觉地维护了学生对教师的依赖性。因此，要想培养学生的学习自主性，教师在课堂上的角色必须转变，要放手让学生自己解决问题，适时地向学生提供学习资源，起到资源提供者的作用，创造以学生自主学习为主的课堂氛围。在实际教学中，教师在教案的设计、课堂交流和教材处理等方面，都应该遵循"以学生为中心"的原则，突出学生自主学习能力的培养。实践中通过网络自主学习平台，组织学生人人参与之中，学生的自主学习性得到了加强。

（二）学生间相互协作学习策略

课堂协作学习有一对一和小组活动两种主要方式。在这些活动中，学生通过协商和讨论，一方面群体的思维和智慧大家可以共享；另一方面，多种不同观点的碰撞与交流有利于培养学生的辩证思维、发散思维。建构主义理论指导下的教学活动，要求教师在课堂内外始终以帮助者、促进者、咨询者、协商者及顾问的身份给学生及时提供指导。这些交互活动可最大限度地创造自主学习氛围，有效提高学生的自主学习能力。

（三）建构式学习环境策略

现代信息技术的广泛应用，教学中多媒体技术的日益普及，既为学习提供了必要的环境，也为贯彻建构主义学习理论提供了最佳的教学手段。学生随时可以进入属于自己的学习空间，汲取所需知识。教师也可以利用网络组织教学，客观上起到了培养学生自主学习的作用。

（四）分组讨论，增强学生协作能力

课堂上为了给学生提供展示个人自学成果的平台，可以采用分组讨论法，在小组讨论过程中，同学们发表自己的观点和解决问题的办法，形成良好的自学氛围。老师在学生自学的过程中，要善于发现学生点滴的进步，特别是对于后进生的进步，应及时予以表扬和鼓励，使他们感受到进步的喜悦，树立学习自信心。当然，分组讨论占用时间较多，不能经常在课堂上实施，实际上经过一段时间的训练，可以让学生尝试课后自主进行，从而进一步培养其自学意识，提高自学能力。

（五）培养学生自查反思的能力，变被动学习为主动学习

在教学中，应引导学生从知识是否掌握、方法是否科学、思维是否灵活、态度是否积极、解题是否正确、问题的症结何在、能否控制思考等方面经常进行反思，必要时填写各种反思卡。反思卡分为课堂反思卡、作业反思卡、考试反思卡等。

1.课堂反思卡的主要内容

今天的课讲了哪些内容；

听懂了哪些内容；

没有掌握的有哪些内容，如何补救；

学习方法是不是还需要改进等。

2.作业反思卡的主要内容

今天的作业我做得怎样，思路是否清晰；

作业中的错误在何处，应该怎么改正等。

3.考试反思卡的主要内容

这次考试是成功还是失败；

哪些地方出错，错误原因是什么；

针对不同原因，我采取哪些不同措施进行补救等。

二、注重对学生实施个性化教育

现代社会对人才的要求日趋多样化，培养创新型人才是当代教育教学改革的核心。创新能力与个性有着密切的关系，只有充分发挥个性，才能培

养创新能力。实施个性化教育，培养具有创新能力的人才，是当前培养人才中的一种探索式教育模式，而个性化教育就是以尊重个性独特性和差异性为前提，以提供多样化教育资源和自主选择为手段，以提升个体的创新能力和促进个体的全面发展为目的的教育。

（一）个性化教学的特征

个性化教学与传统的"去个性"教学相比，具有自己鲜明的个性特征，主要表现在以下几方面。

1. 主体性

个性化教学的主体不仅仅是学生，如果从广义的范畴讲，教学的主体包括所有的施教者和受教者；单从狭义的范畴即课堂教学来讲，其主体也必须包括教师和学生。近几年来，在讨论教师与学生及其关系上，大部分的说法是"教师主导，学生主体"。但实际上，教师没有主导好，学生的主体地位也没有稳固好，究其原因就是教师与学生的个性都没有得以充分地展现。理论上，教师固然在教学过程中发挥主导作用（实际上只是在传授书本知识时），但在实际的教学工作中，这种作用的发挥在很大程度上受制于教育行政制度、教育评价作用及社会压力等不和谐的教育因素，更不必说教师的个性充分体现于课堂教学之上，这也正是许多一线教师的苦恼及教学兴趣、教学质量提不上来的重要原因。至于学生的主体地位就更不必说了，在现实的教学过程中，学生是不可能主动地选择自己的学习方式、学习环境、学习内容的，再加上固有的教育传统及观念，更使学生可望而不可即。所以，个性化教学重视教师与学生的双主体，表现在教学过程就是教师与学生的自主的活动、创造的活动，这种活动能引起教师与学生积极主动的反应，从而使个性得到积极主动的发展。此外，主体性还来自于自我教育，学校必须把教育的对象变成自己教育自己的主体，使学生学会学习，将已有的主体性发展到新的水平。

2. 创造性

个性与创造性是紧密联系、息息相关的。如何发挥创造性，国内外的许多专家进行了研究，但诸多说法可以归于一点：敢于说"不"，乃创新之始。而现代社会要求我们必须是思维活跃、创造性强的人，能"想到别人尚未想到的"。因此，在教学过程中，注重个性化人格的培养，突出创造性就成为当务之急。

3. 和谐性

我们强调尊重个性、实施个性化教学、培养创造性是建立在德智体美劳全面发展的教育方针基础之上的，不是对所有的个性都加以肯定，而是要帮助个体发展优良的个性品质，抑制和克服不良的个性和特点，使教师与学生的个性都得到和谐发展。同时，全面发展和个性发展是辩证统一的，个性发展是全面发展的核心，全面发展又是个性发展的基础，它不等于个体的各方面平均的发展，而是在各方面都达到基本要求并形成和谐有机的发展。但需要进一步明确指出的是：社会性是个性的本质特征，它反映着个性的社会特征，从本质上说，个性是一切社会关系的综合，每一个时代、每一个社会和民族都在造就着所属时代、社会和民族的个性。所以，个体的个性与社会需求的和谐是很重要的。个性化教学实质是实现人格健康、充分、独立地发展。

（二）实施个性化教育的措施与对策

1. 改变教育观念，改进教育方法

现代教育的发展要求师生之间形成新型的民主平等关系，教师的教学活动能够在促进学生积极参与的基础上充分培养学生的创新精神和能力发展。教师传授知识应包含认识的思维方法，教是为了不教。个性化培养并非是培养尖子，而是根据所有学生的个性特点，在确切了解其特长和爱好的基础上，开展相应的教育，这就要求我们因材施教，根据不同的学生智力特点，采取相应的教学方法"对症下药"，尽可能地考虑到每个学生的实际情况，满足其不同的需求。在教学方法上可采用双向教学法、案例教学法、启发式教学法等，给学生留有思维的空间，激励他们自己提出问题，思考问题。

2. 改革课程设置，实现知识能力和素质的最优化

课程的合理设置，包括课程内容、课程体系和课程结构的合理化构建，无论是对个性化培养，还是创造思维、发散性思维的形成，都具有重要的作用。我们已实行的理工科学生中开设人文学科课程，强调理工人文交融渗透。个性化培养的课程设置对保护发展学生个性，促进学生创新思维创新能力的形成，实现知识、能力、素质的最优化，有着基础性意义。

3. 鼓励学生求异，养成质疑的好习惯

个性化与创造性思维通常是同质疑联系在一起的，质疑是创新的起点，

没有质疑的思维是肤浅的思维，无助于个性的形成。教师应善于在课堂教学中不断地给学生创设问题情景以激发学生的创造性思维。

4.建立体现高校特色的灵活多样的评价体系

加德纳认为，每一个个体的智力各具特点，智力是多方面的，表现的形式是各不相同的，我们判断一个学生的聪明与否的标准也应该是多种多样的。人的智力具有多元性，由于接受高校教育的对象有其自身的认知规律、身心特点，所以面对这些特殊的生源主体，我们的教育应有与之相适应的学生评价内容、标准、方法和模式，尊重学生的个体差异。高校教育培养的是面向生产、建设、管理和服务一线的高等技能型应用型专门人才，除要求掌握必要的专业理论知识，更强调动手实践能力的培养，更重视职业道德、敬业精神、团队精神、创新创业能力的培养，所以对高校教育来说，要改进评价标准和评价方法，要体现高校教育的特点。如要改进考试考核方法，重视考核学生应用所学知识解决实际问题的能力，建立有利于培养学生全面素质和综合职业能力的教学质量评价体系。我们要根据个体不同特点制定个性化的多元评价标准，多元智能理论也启发我们在制定高校学生的评价标准时要注意评价的过程性和可持续性，把握显性评价与隐性相结合，评价标准要为学生终身发展服务，如要建立个性化的学生评优制度和标准，促使学生个性充分发展。

5.探索个性化培养方案，加强实践环节

实施个性化教育，要积极探索个性化培养方案，培养多元化个性人才，在教育模式和方案上进行大胆革新，积极探索并完善学分制，建立学生转学、转系、转专业、选修课程和弹性学制的管理制度以及择时择地的学习方式，为学生个性发展提供更大的可选择的空间和时间，充分体现"以人为本"的现代教育思想。结合课堂教学鼓励和组织学生参与实践活动，既通过观察体验来形成对社会的感知，加深人际性技能的理解，又结合各课程的具体要求开展项目实践，了解并满足社会多方面的需求。更为关键的是，学生在实践中能够发现机会，开启创业创新的灵感，塑造浓厚的创业兴趣，为走创业之路打下良好的基础。所以，高校应为学生多提供实践场所和机会，积极地建设校内外实习基地。

6. 加强心理健康教育

个性发展是以优异的心理素质为前提，提高心理素质水平是促进个体全面发展的重要条件。倘若一个人整天生活在苦闷、压抑、惊恐、悲伤等不良心境中，必然会导致心因性反应，使个性形成受到不良影响。高等学校的职责不仅仅在于传授知识、技能，而且还要培养学生健康心理和健全人格。加强心理辅导，重视对学生的心理疏导，可帮助化解学生烦恼，保持心理健康，不断完善个性。在个性化教育中，有针对性的心理健康教育可以帮助学生适应客观环境，培育良好的情绪、涵养，以及乐观的心态、塑造健全的人格、养成健康的心理，形成有利于创新思维的个性心理品质。

三、加强高校学生干部队伍建设

建设一支高素质的学生干部队伍是一项复杂的系统工程，针对高校学生干部队伍建设中存在的问题，探索新形势下加强高校学生干部队伍建设的措施，对于高校思想政治理论课教学来说有较大意义。我们认为，首先要转变观念、统一认识；其次要明确目标、统筹内容；再次要完善体制、健全机制；最后要建设阵地、增强实效。

（一）转变观念统一认识

转变观念、统一认识是搞好学生干部队伍建设的思想前提。目的是要解决学生干部队伍建设中部分领导干部和学生干部队伍建设主体认识上的偏差，中心是要搞清楚为什么要加强学生干部队伍的建设，并明确自身的责任和任务。

1. 各级领导干部都要成为学生干部队伍建设的"参与者"和"建设者"

各级领导都要站在新形势下高等教育教学改革和学校发展以及高等学校中心任务的高度来认识加强学生干部队伍建设的重要性；要树立"学生干部队伍建设，领导首先有责"的意识；要在思想上认识到学生干部队伍建设不只是学生管理部门或管理干部的事情；要形成全校都关心、各级都支持学生干部队伍建设的工作合力；要在行动上从环境的营造到人、财、物的投入以及相应的政策措施保障上积极支持学生干部队伍建设，形成有利于学生干部队伍建设的长效机制；要深入到学生干部队伍建设的一线，了解学生干部队伍建设的实际情况，从政治上、学习上关心学生干部队伍的成长，帮助解决实际工作中的困难和问题。

2. 学生干部队伍建设的主体要以积极的态度来对待学生干部队伍建设

要改变过去对学生干部队伍建设上的"不需要论"和"使用代替培养论"等不正确的认识，要树立起"队伍建设、守土有责"的观念；要认识到学生干部队伍建设是学生干部队伍建设主体的一项不可推卸的义务。

（二）完善体制健全机制

1. 完善学生干部的管理体制

主要是针对过去在学生干部管理上缺乏统一领导、多头管理等不足，建立和完善"党委统一领导、团委归口管理、相关部门协作"的学生干部管理体制。

一是党委统一领导，主要任务是把握学生干部队伍建设的方向，提出指导思想和目标要求；二是团委归口管理，主要是受党委的委托，团委统一管理全校学生干部制定学生干部管理的总体目标、明确学生干部管理的责任，并据此由下级团组织分级制定具体方案、组织落实；三是相关部门协作配合，主要是建立由团委牵头、相关部门及各系部参加的定期联席会议制度，共同协调解决学生干部管理中的矛盾和问题。

2. 完善学生干部的监督体制

一是以过程监督为主，就是对学生干部当选、学生工作等整个过程进行全程监督；二是上级监督与群众监督相结合；三是监督与考评相结合，就是要通过直接上级的考核和同班、同宿舍同学的评议，以考评促监督。

3. 健全机制

（1）健全科学的培养选拔机制

这就要求在干部的培养选拔中坚持高标准、严要求，在坚持"德才兼备，任人唯贤"原则的基础上，把坚持正确的政治方向、有坚定共产主义信念、具有优良的道德品质、有魄力有能力的、在同学中有较高威信的学生充实到各级学生干部队伍中去。

为此，必须建立干部竞争上岗制、任前公示制、岗前培训制、定期培训制等一系列制度以保证干部选拔公正合理，保证干部能够得到适当的培养。干部竞争上岗制的主要做法是实行干部职位的公开招聘，符合岗位描述条件的人都可以报名参与公开、公平竞争。通过笔试、面试等形式，把最优秀的人才选拔出来。

（2）健全科学的监督考察机制

对干部的监督考察是教育管理学生干部的重要形式，建立健全科学的监督考察机制，就是要确保学生干部在职责范围内按照正常程序正确履行职责、正常开展工作。为此，必须建立相应的制度如干部监察责任制、干部工作流程、定期的民主生活会制、定期工作汇报制度、定期的（民意）调查制度、干部工作档案制、财产和财务管理制度、群众举报制度，以及干部问责制等来规范学生干部的具体工作行为。干部监察责任制主要是确定监察责任的主体、监察对象、监察内容并对监察结果负责，对监察中发现的问题要及时报告，保证每一个学生干部在每一个工作环节都能受到监察。干部工作流程是确立干部在工作中所应当遵循的程序以及违反程序后的处理规定，保证干部工作的公开、透明和可查。定期的民主生活会制就是通过组织定期的学生干部民主生活会进行批评与自我批评，及时发现并改正工作中的缺点和错误，会议周期一般为每月一次。定期的（民意）调查制度主要是透过广大同学的渠道对学生干部的工作及其在日常生活中的言行进行监督，以保证学生干部真正为同学服务、保证学生干部的先锋模范作用的发挥。这些制度把事前、事中、事后监察结合起来，把上级、同级、下级和群众监察结合起来，共同构成了一个严密而有效的监察网络，有利于监察作用的发挥。

（3）健全科学的考核激励机制

这就要求在考核激励时制订出明确的考核条例，从德、能、勤、绩等多方面对学生干部进行立体交叉的综合考核，考核结果进入学生干部本人档案，及时向其本人反馈意见，肯定成绩、指出不足，并根据考核结果对学生干部进行适当激励。

健全科学的考核激励机制就要建立干部工作考核制度、奖惩制度。学生干部学期考核制度是指每学期初开展上学期学生干部工作考核，每人必须公开述职、总结成绩、检讨不足，明确改进方向，在此基础上，结合考核、监察情况评选出优秀学生干部并予以表彰。对工作不负责造成不良影响或没有工作实绩或有严重违反校纪校规的要予以辞退。需要注意的是，对学生干部的正向激励要做到公平、及时、守诺，应当着眼于学生干部的成长、以精神奖励为主，切忌动辄发放奖金而导致干部欲壑难填，还可能引发干部之间的不团结，不利于工作的开展。

第二节 深化制度改革加强师生的情感联结

思想政治理论课教学改革不仅仅是思想政治理论课教师的事，更是高校所有从事思想政治教育工作者的事。我们牢记"立德树人"使命，融合十大育人工作内容，形成"思政教师十专业教师十班主任＋辅导员十管理人员"全员参与，教师、学生、家庭、学校、社会五大育人主体的全过程链接，"校内十校外""理论十实践"的全方位育人格局。建立思政育人主体协同的"转动轴"，形成"育人链"，打造多元、立体生态思想政治理论课。

一、加强思想政治理论课教师和学生的合作

人与人之间的情感全方位地影响着人的学习和工作。在教育工作中，如果情感运用得当，就会给教育教学带来健康向上的推动力，反之亦然。

高校思想政治理论课是一门教给大学生知识的课程，在给大学生传授理论知识的同时，也传递出对人与人之间关系的一种重视。目前，大部分高校思想政治理论课教师与学生的关系仅仅停留在课堂上，教师仅仅是在课堂上与学生有所接触，一般情况是教师上完课后就离开教室，很少有教师留下来与学生进行交谈甚至深入交谈的。

学生也很少主动向思想政治理论课教师提问。更为严重的是，有的教师在一个班根本记不住几个学生的名字，这种不是"陌生"人胜似"陌生"人的关系怎么才能帮助大学生提高学习思想政治理论课的获得感？为此，笔者认为需要思想政治理论课教师创造更多的条件，让教师与学生之间有更多的机会交流、沟通，加强思想政治理论课教师与学生之间的合作。

（一）加强思想政治理论课教师与学生之间的合作

高校思想政治理论课教学更多的是从情感方面对学生进行教育，教育的形式多样化。特别是在实践教育方面，高校应该创造条件为大学生提供更多的实践学习的机会，通过社会调查、实地参观考察等实践方式，让学生通过实践活动，清楚地知道自己需要什么，明确自身发展方向。在与教师的互动活动中，教师与学生之间必然会形成一种健康向上的和谐关系。有条件学生还可以参与思想政治理论课教师的科研课题，在科研课题开展研究过程

中，思想政治理论课教师加强对学生指导，让学生有一种积极体验，从而增强师生之间的情感联结。

（二）实行导师制

为了克服教师与学生只能在课堂见面的尴尬局面，思想政治理论课教师可创设更多的条件让教师与学生之间有更多的接触机会，使教师与学生、学生与学生之间有更多的接触和了解的机会，从而促进教师与学生、学生与学生之间增进彼此的了解，产生更深厚的情感，提高思想政治理论课的教学效果。导师制的建立，让学生有更多的机会找老师，也让教师与学生之间的联系更加合理、顺畅。因为建立起了导师制，教师更是担负起了一份责任。学生在完成教师布置的教学任务的同时，可以与导师建立起良好的交流、沟通的关系，及时向教师汇报自己的学习情况，从导师那里学习到相关的学术信息，树立正确的求知求学的态度，导师的学术功底和人格魅力无疑对学生产生潜移默化的影响，甚至还产生对导师的崇拜之情，这比单纯地在第一课堂传授理论知识的效果更有效、更持久。

（三）让学生参与思想政治理论课的教学评估

学生参与教学评估，这是检验教师与学生合作情况以及思想政治理论课教学效果如何的一种重要手段。一方面，从大学生的视角，对教师教学情况进行评价，这是学生对思想政治理论课教师教学的一种积极肯定，可有效激发思想政治理论课教师的教学热情；另一方面，在教学间隙，高校思想政治理论课教师可以采取对大学生的随机抽样调查和定期召开座谈会的方式，让大学生在公开场合畅所欲言，反馈教师在教学过程中存在的各种问题，以此促使教师提出相应改善教学方法的对策，提升学生的获得感和思政课的教学实效。

二、加强思想政治理论课教师和专业课教师的交流

高校思想政治理论课的教学对象是所有在校大学生，不同专业的大学生具有不同的专业背景，有理工科背景、文科背景、艺术体育学科等背景，思想政治理论课的教学应因材施教，对具有不同专业背景的大学生的教学应该不一样。因此，思想政治理论课教师必须对这些不同专业学生的专业背景非常熟悉。

高校思想政治理论课教师并非百科全书式的人才，思想政治理论课教师一般是具有马克思主义相关背景的，他们的知识结构并不能完全对接于各种专业。一方面，需要加强思想政治理论课教师与专业课教师的联系与沟通，"三全育人"要求我们打破传统的对专业课与思想政治课的局限，突出将两者结合起来。思想政治理论课教师要加强与专业课教师的沟通交流，了解学生的专业行业背景，结合专业岗位需求、专业人才培养方案，开展有针对性的教学。同时，专业课教师也要经常性地与思想政治理论课教师交流，了解学生的思想动态以及在思想政治理论课上关注的专业知识，为在专业课堂上给予解答奠定基础。另一方面，建立思想政治理论课教师与专业课教师交流会谈的制度，将二者的会谈成为一种常态，改变传统的大学生学习的碎片化和片面化的状态，提高教学的整体性效果。最后，针对专业课教师和思想政治理论课教师会谈的具体情况，设计出科学合理的教学形式和教学内容，比如，理工科专业背景和艺术体育类专业背景的学生可以注重开发探讨式、设计式的合作学习方式，注重社会实践；文科类专业背景的学生可以注重培养研究探讨式的学习方式，进行系统化、自主化、逻辑化的教学探究。

通过加强专业课教师与思想政治理论课教师的结合，从学生关注和重视的本专业的需求和前景出发，将大学生的专业需求倾注于课堂实践和社会实践活动之中，形成第一课堂和第二课堂的有效合力，发挥思想政治理论课与专业课思政育人的合力。

三、深化思想政治理论课教师和辅导员的沟通

高校辅导员和思想政治理论课教师是学校开展思想政治工作的两支重要队伍。在大多数高校，辅导员主要负责对学生进行日常的思想政治教育和生活管理，思想政治理论课教师主要负责思想政治理论课教学。由于各种原因，当前大多数高校辅导员和思想政治理论课教师队伍各自为政，渐行渐远，从而导致理论工作者和实践工作者的日益疏远。

高校思想政治理论课教育功能的发挥，需要各方力量协同作用。但是就目前情况来看，高校思想政治理论课教师和辅导员队伍是各司其职的两支队伍，在平常的工作中较少有形成交集的机会。两者的工作方式和工作体系不一样，并且基本都是按照各自的职业目标和任务开展各项工作。这种两条平行线的工作方式导致思想政治理论课教师和辅导员之间的日渐疏离，二者合作、交流的机会减少，双方对学生的了解都是碎片化、片面化的。这种不

相交的模块式的教学方式不仅不利于大学生的全面发展，还造成了对大学生日常思想政治工作教育和教学工作的脱节，结果是：辅导员因日常忙于处理大学生的思想政治教育工作，工作琐碎，没有充足的时间和精力与思想政治理论课教师就大学生的学习工作等情况进行交流，思想政治理论课教师便难以观察到学生情绪的变化；思想政治理论课教师因忙于教学和科研而疏于和辅导员就学生学习情况进行交流，辅导员便难以及时掌握学生上课期间的情况。因此，不相交的脱离式的教育导致对大学生教学与育人不能同步，与思想政治理论课培养德智体美劳全面发展的大学生的教学目标背道而驰。

要想使辅导员、思想政治理论课教师与大学生三者之间关系的十分和谐，必须通过相应的改革加以完善。辅导员和思想政治理论课教师在思想政治工作中的作用、位置虽然不一致，但他们都有着共同的学生培养目标。把他们联通为一个整体，思想政治理论课教师从理论方面提供直接的经验，辅导员从实践方面提供经验，二者缺一不可，二者的有机融合构成了大学生思想政治教育的主要内容，因此整合两支队伍意义重大。

首先，定期组织召开思想政治理论课教师、辅导员和大学生之间的交流研讨会，至少保证每个月 1—2 次。就近段时间出现在学生学习和生活管理中的问题，几大主体共同商量、探讨，充分发表意见，提出改进、解决的办法。其次，发挥辅导员队伍的联动作用。鼓励支持辅导员班主任骨干兼任思想政治理论课教师，鼓励支持思想政治理论课教师从事辅导员、班主任工作，推动两支队伍的有机融合。推动思想政治理论课实践教学与大学生社会实践活动有机结合，整合思想政治理论课教师和辅导员队伍，共同参与组织指导实践教学。最后，在思想政治理论课的考核评价中加重辅导员考核的占比。辅导员具有管理人员、教师双重身份，是高校开展思想政治教育的重要力量，在开展思想政治理论课的教学评价中，应注重发挥辅导员的作用，通过结合辅导员与思想政治理论课教师两者的考评，提高考核真实性和准确性。

第三节 为新时代高校思想政治理论课教学改革提供制度支持

一、完善教学科研和专业培训制度

具有一支较高水平的思想政治理论课教师队伍是增强高校思想政治理

论课教学质量的关键所在。当前，各高校思想政治理论课教师的业务水平、综合能力等与思想政治理论课教师的要求还有一定的差距，高校应采取有效措施，提高思想政治理论课教师的专业水平，特别是在教学和科研方面积极采取相应措施。

不管是本科院校，还是高校，教师的教学与科研能力是并驾齐驱的两驾马车，要收获高质量的教学效果，必须依靠高水平的科研作为基础。所以，从一开始，高校必须严抓教师的科研能力。作为高校思想政治理论课教师，要具备正确的政治方向、良好的品德素养、较高的教学科研能力，缺一不可。第一，高校首先要切实加强马克思主义理论学科建设，明确思想政治理论课教学改革的进一步方向和目标，注重教师队伍建设。同时注重引进和培养具有较高科研能力的硕士研究生或博士研究生，储备高水平的思想政治理论课教师资源库人才。第二，开展与思想政治理论课教学相关研究。围绕思想政治理论课教学内容、教学方法、教师队伍、课程建设等问题，作为重点研究内容，注重做好思想政治理论课理论与实践问题的有机结合，最终形成一批有效的科学研究成果。将研究成果以论文、专著或者汇编材料的形式供大家学习交流，为思想政治理论课的教学改进提供实践基础。第三，抵制学术不端行为，倡导学术规范，为思政课教师的专项科研、教学提供一个健康的学术氛围。

"学到老，活到老"的思想对所有老师都是通用的。所以，无论是对刚步入工作岗位的年轻教师，还是教学经验丰富的老教师，都应该进行定期培训。第一，高校要建立体系化、制度化的培训体系。要让不同教学层次、教学水平的教师有接受同等培训的机会，对教师进行有重点、分层次的培训，鼓励教师参加较高水平的实践培训、学术论坛，提高教师的岗位胜任能力。第二，制定思想政治理论课教师的培训计划，选派优秀教师到兄弟院校、其他省市参加名师指导和学术交流，到重点高校学习进修，甚至去国外参加考察学习，高校都要提供便利。以此鼓励教师继续深造以提高教师队伍的整体科研教学水平。第三，高校要提供便利条件培养和建设优秀的教学团队。任何一门课程的教学改革都不是某一个老师的事，是教学团队甚至是整个学校的事。高校思想政治理论课教学改革必须要有强大的团队作为支撑，要根据每一门思想政治理论课不同的课程标准和要求，成立每一门思想政治理论课的专门的学术研究小组，保障思想政治理论课科研的独立性。在每一个教学团队内部形成以问题讨论和专题讲授为主的教学研究模式，形成团队内部的教学促进与共生。

二、提高思想政治理论课教师的待遇和加强教学保障

思想政治理论课是一门公共课，在大多数高校，公共课的地位相比较于专业课来说，受重视程度比较低。在学生心中，公共课的地位也无法和专业课媲美。但是全校学生的思想政治课教育教学工作全部压在思想政治理论课教师身上，他们身上承担的教学任务和面临的工作压力，比其他专业课教师更多，但是他们的付出与努力却较少引起学校领导、专业课教师甚至是学生的关注。因此，思想政治理论课教师难免会存在失落感。为了避免这种情况的经常发生，高校领导应创设条件，对在教学科研方面成绩突出的思想政治理论课教师，一方面在学校、上级网站对他们进行报道；另一方面在物质上和精神上给予嘉奖，肯定他们的付出和贡献。

人都会有一种比较心理，横向的、纵向的比较。思想政治理论课教师通过自己的辛勤劳动，通常会把自己能够获取的劳动报酬一方面与自己的以往进行比较；另一方面同时也会与他人进行比较，如果结果令人满意，思想政治理论课教师就会以更大的热情投入到工作中去；反之，就会产生失落甚至心灰意冷的情绪，容易产生职业倦怠。现实往往是残酷的，相对于其他专业课教师，思想政治理论课教师能申请到的课题寥寥无几，学校对思想政治理论课这类公共基础课的经费投入也较少，但是，无论是专业课教师，还是思想政治理论课教师，职称评定都是与教师的科研成果联系在一起的，因为科研机会较少，也在一定程度上严重打击了思想政治理论课教师工作的积极性和主动性。高校思想政治理论课教师的教学任务比较重，思想政治理论课教师承担着上百人的大课，巨大的工作压力并没有给思想政治理论课教师带来更多的经济利益和回报，付出与收入并没有成正比，使得部分思想政治理论课教师产生倦怠情绪，也带来了思想政治理论课教师心理预期和现实之间的落差。

为了缓解这种落差，高校需要采取更多的措施在科研和教学上支持思想政治理论课教师。

一方面，提供科学的教学保障机制。根据专业人才培养方案、思想政

治理论课国家课程标准，科学设置思想政治理论课的学时和学分；综合考虑到不同学生的专业背景的实际情况，积极实行 70 人左右的中班授课，积极提倡小班研讨、中班教学的教学模式。通过思想政治理论课集体备课的方式组织开展教学活动，设立思想政治理论课理论教学和实践教学的专项资金，成立专门的机构，并确保专款专用，将制度真正落到实处，同时成立专门的督查小组，对教学质量和教学效果进行监督和管理，发现问题后，试图找到解决问题的办法。

另一方面，提高思想政治理论课教师的待遇保障。首先，高校要严格落实国家提出的实施思想政治理论课教师特殊岗位津贴，形成科学合理的教师激励机制，通过表彰的形式和教学评比充分调动思想政治理论课教师的积极性、创造性，通过学校内部的评比唤起教师的责任感和荣誉感。其次，教师在得到相应的荣誉表彰后，要给予教师相应的物质奖励，因为仅仅有精神奖励是不全面的，会显得有些苍白无力，从而可能会影响思想政治理论课整体教学效果。因此，要加强高校思想政治理论课教师队伍建设的资金投入，完善教师的物质保障制度。

三、注重教师物质和精神上的需求

高校思想政治理论课教师一般具有较高的政治觉悟和高学历，他们的自我期待和自我认知能力较强。他们从心底里更希望得到学校的重视、同事的认可、学生的喜欢。根据笔者调查发现：一般情况下，具有高学历的教师的自我期望高于学历层次低的教师。青年教师的自我实现的需要高于年长教师。马斯洛的需求层次理论认为，个体需要的层次是逐级递增的，最基础的是关于生存类的需要，诸如，生理的需要、安全的需要，然后逐渐上升到精神层面的需要，如尊重的需要、归属与爱的需要和自我实现的需要，实现人的自我实现和发展才是最终目标。我们在满足思想政治理论课教师生存性的需要以后，也应该考虑对教师个人情感需要的满足。我们要从人的本质出发，注重关注教师的各种需求和感受，为思想政治理论课教师创造一个人文关怀浓厚的温馨的校园环境。

随着社会的发展，科技的进步，人们越来越重视教育。社会对教师提出的要求也越来越高，这对于教师来说，是一个较大的挑战。思想政治理论课教师事实身上既承担着教会学生理论知识，又承担着培育学生具有健全思想品格的重担，全体社会对思想政治理论课教师寄予的厚望无疑给思想政治理论课教师带来莫大的压力。这是新时代高校教师必须面临的压力与挑战，但是，相对于高校专业课教师和中小学教师，社会对高校思想政治理论课教师缺乏认同感。首先，在很多高校老师和学生看来，思想政治理论课是公共课，只给学生教会一些常识性知识，并没有传授给学生专业知识和技能，对学生的就业和人生的职业生涯不会产生直接的影响；其次，思想政治理论课教师一方面承受着巨大的教学压力，高强度的教学压力并未给他们赢得更多的社会认同，在很多人眼里他们的职业甚至被误认为是可有可无的，是任何人都可以胜任的职业，付出与成就的不成正比难免会让思想政治理论课教师产生失落感。

因此，高校应关注教师教学，坚持以人为本，体现人文关怀，关心他们的生活，适时对个人发展的诉求提出解决办法，真正落实解决他们的精神困惑、思想困扰、情感需求，让思想政治理论课教师能有集体的温暖感，在物质和精神情感需求方面能获得更好的发展。

第四节　加强高校思想政治理论课师资队伍建设

高校思想政治理论课教师队伍的整体素质，直接影响着思想政治理论课的质量和水平，只有造就高素质的思想政治理论课教师队伍，才能发挥在思想政治理论教学目标中的重要作用。

一、建设一支"专家型"思想政治理论课教师队伍

高校思想政治理论课教师承担着立德树人的神圣使命，由于高校思想政治理论课教师教学任务过重，受不同专业学生上课的限制，很少有高校结合不同专业的需求进行针对性教学，教学效果收效甚微，为此，笔者认为应从长远利益考虑出发，建立一支相对稳定的"专家型"思想政治理论课教师队伍。

首先，各专业建立一支稳定的"专家型"思政理论课教师队伍。习近平总书记在学校思想政治理论课教师座谈会上，对思想政治理论课教师提出了六个方面的要求，即政治要强、情怀要深、思维要新、视野要广、自律要严、人格要正，能做到这六点，思想政治理论课教师可谓算得上是真正意义上的

好老师。但是作为"专家型"的思想政治理论课教师，首先要有扎实的理论功底，学好马克思主义理论知识，要信仰马克思主义，让有信仰的人讲信仰。其次，思想政治理论课教师处理好人际关系，要想学生之所想，急学生之所急，真正能和学生想到一块儿去。最后，高校思想政治理论课教师还要处理好人际关系，和本部门的教师、专业课教师、辅导员的关系都要处理好，以便及时把学生在思想政治课上的表现转告给辅导员、专业课教师，及时掌握学生的思想动态。只有和其他教师、部门联合起来，共同作用，才能形成相互提高、共同发展的合力作用，形成一支无所不懂、无所不知的"专家型"思想政治理论课教师队伍。

二、制定师培计划，调整教师的知识结构

高校思想政治理论课教师要适应新时代新要求，不断提高自己的能力水平，通过参加省内外的培训、学习、交流等途径，更新、完善自身的知识结构，以便适应新形势的变化要求。当然，这种新要求不仅是思想政治理论课教师的事，需要学校领导高度重视，要有配套的管理制度。首先，高校师生比必须要严格按照不低于1∶350的比例配备思想政治理论课专任教师的职数。学校要按照国家规定的生均30元的标准提供专项经费，用于思想政治理论课教师平时参加培训、学术交流和社会考察。其次，按照以上两项国家政策制定详细周密的师资培训计划，一方面做到让每名思想政治理论课教师都有机会参加培训；另一方面要充分根据思想政治理论课实际教学的需要考虑思想政治理论课专任教师的职数，根据不同专业学生的特点对思想政治理论课教师教学方面的特殊要求，实现高校的每一名思想政治理论课教师不仅具有扎实的理论功底、渊博的知识背景、高超的教学艺术、不同寻常的人格魅力。同时，高校思想政治理论课教师还要加强对所教专业学生的专业了解，成为无所不能、无所不知的大专家。

三、提高思想政治理论课教师的教学艺术水平

（一）提高思想政治理论课教师的思想政治素质

高校思想政治理论课教师的思想政治素质是第一位的，在教师素质体系中居于主导作用，决定着教师的政治信念和宗旨，制约教师的道德规范，较大程度上影响着教师的工作热情、工作态度和工作能力，从而影响着教师

的具体教学活动。因此，高校思想政治理论课教师首先就必须具有坚定的政治立场和正确的思想政治方向，自觉坚持四项基本原则，拥护党的各项方针政策，坚持中国共产党的领导，对自己所教的理论真信、真用、真学和真教。一个政治立场不鲜明、思想认识模糊的教师是无法对学生进行思想政治教育，也就无法真正上好思想政治理论课。

一方面，高校思想政治理论课教师要想具备良好的思想政治素质，就应该重视政治理论学习，自觉提高理论修养，全面学习与掌握马克思主义原理、毛泽东思想、中国特色社会主义理论体系和习近平新时代中国特色社会主义思想，适应新时代高等教育发展的要求。另一方面，高校思想政治理论课教师还应具备现代的教育思想观念。主动了解国内外大事，把热爱祖国、建设祖国的爱国主义精神与全球意识统一起来，掌握在全球化的背景下应该如何与其他各国人民友好相处的知识，只有教师掌握了全球意识和国家观念，才能培养学生具有此观念，才有可能把自己从事的教育活动与世界联系起来，在教学内容上，才能做到既弘扬中华民族的优秀传统文化、又注重吸收各国的优秀的文化遗产，并在与外国人的交往中，做到不卑不亢，坚决维护民族和国家尊严。

（二）增强思想政治理论课教师的社会实践能力

高校思想政治理论课教师除了掌握必备的理论知识以外，还需掌握一定的社会实践能力。但是目前在思想政治理论课教师看来，思想政治理论课教师只需要掌握理论知识就够了，拥有扎实的理论功底是王道，一般不看重实践能力。也有部分老师注重提高自身的实践能力，但相应忽视了理论水平的提高。其实，真正优秀的思想政治理论课教师是需要掌握较高的理论知识和较强的实践动手能力的，并且能够做到把理论和实践完美结合，具备各方面的综合能力，特别是注重培养实践动手能力，用来指导学生进行社会实践。

首先，高校要从政策上鼓励和奖励思想政治理论课教师利用寒暑假特别是暑假时间参与社会实践，例如，学校马克思主义学院或者思想政治理论课部组织思想政治理论课教师到省内外革命纪念馆、烈士墓园、红色旅游胜地等地进行实地考察，一方面加强对革命历史的了解，增强自己的爱国情感；另一方面，高校可以组织思想政治理论课教师和学生一起参与所在地社区、乡镇的志愿服务活动，例如，到学校所在地孤儿院送温暖、敬老院慰问老人、为所在乡镇、社区留守儿童开设各类兴趣班，培养从群众中来、到群众中去的精神品质，以及牢固树立起为人民服务的思想。以身作则，在学生当中起到很好的榜样带头作用。

其次，高校应组织思想政治理论课教师定期到与学校开设专业相关的或者校企合作的企业进行了解，了解学生定岗实习的环境和各方面的状况，及时关注学生在实习过程中的各种表现。针对学生在工作岗位上存在的不足和缺点，吸取经验教训，而进一步调整授课计划和授课内容，创新教学方式。

（三）提高思想政治理论课教师的职业道德

职业道德是作为一名教师必须遵守的行为规范。高校思想政治理论课教师的职业道德主要包括教师的工作态度、敬业精神、对学生的态度、团队合作精神和对物质利益的态度等方面。

高校思想政治理论课教师培养高尚的职业道德需要从以下几方面着手：

第一，高校思想政治理论课教师应该坚持正确的政治方向。高校思想政治理论课教师要紧密团结在党中央周围，高举马克思主义理论、毛泽东思想、中国特色社会主义理论体系、习近平新时代中国特色社会主义思想等伟大理论旗帜，坚决拥护党的领导，拥护党的各项方针政策，与党中央保持高度一致。反党、反国家、反社会的话坚决不说，正确看待不良的社会现象，学会用科学的方法分析社会上的各种现象。

第二，高校思想政治理论课教师要对学生负责，忠于自己的教育事业。一丝不苟地对待学生的思政政治教育工作，全身心地投入到自己的教育教学工作中去，尽力、尽责、尽心地开展好对学生的思想政治教育工作。当问及学生思想政治理论课教师如何安排教学时间时，学生反映大部分教师严格按照学校安排的课表上课，有的教师则存在随意调课的行为，把课集中在一天或者两天上完。广大教师要以高度负责的态度，率先垂范、言传身教，以良好的思想、道德、品质和人格给学生以潜移默化的影响，这是对所有教师的职业遵守的要求，也是每一个教师应具备的职业道德。只有从心底热爱教育事业，才能全身心投入到教育事业中去，这样，思想政治理论课教师才会按照原有的计划、目标、措施进行思想政治理论课的创新，才有可能有较高的工作激情和热情，从而为国家培养出大批合格的高技术应用型人才。

第三，高校思想政治理论课教师首先要爱学生，这是对学生进行思想政治教育的首要条件，这也是思想政治理论课教师职业道德要求所在。其中包括了对学生的信任、了解和尊重。根据调查结果显示，学生最关心思想政治理论课教师的基本素质是什么，很多学生选择具备责任是首先考虑的。的确，思想政治理论课教师只有热爱自己所从事的这份职业，才能把全部心血毫无保留地放在关心学生身上，才能成为热衷于思想政治教育的合格人才。

（四）增强思想政治理论课教师独特的人格魅力

高校思想政治理论课教师魅力怎么样，主要看他在师德师风、教学能力等人格特征方面所具备的才能。一名合格的思想政治理论课教师不仅要有正确的世界观、人生观、价值观，还要关心学生，要有热爱教育、献身教育的奉献精神。要有"精""博""新"的治学水平，才能完成"传道、授业、解惑"的大任。

一方面，高校思想政治理论课教师的"精"，主要是指思想政治理论课教师要精通专业理论知识，要对马列主义、毛泽东思想、中国特色社会主义理论体系等非常熟悉并全面掌握。除此之外，思想政治理论课教师还要不断积累和充分掌握思想政治理论课学科知识，始终保持着不懈钻研的态度，培养浓厚的兴趣，及时掌握新时代最新思想政治理论课学科知识，力求站在该学科的最前沿。同时，要注意将思想政治理论课教学与科研、实践紧密结合起来。由此看出，新时代合格的高校思想政治理论课教师不仅要有较高的基础理论水平，还需具备较强的科研能力、业务能力、创新能力和实践能力，接受更高层次教育。

另一方面，高校思想政治理论课教师对所教的知识要做到"博"。"博"指的是学识渊博，指的是作为思想政治理论课教师，掌握专业理论知识是第一位的，同时还要有全面的教育学、心理学、政治学、社会学、历史学、法学、伦理学、管理学、经济学等多元、立体的知识结构。具有合理知识结构的思想政治理论课教师，是形成较强教学能力、科研能力、实践能力和创新能力的基础，具有较高的知识水平是达到较高高等教育目标的重要保障。厚积才能薄发，首先思想政治理论课教师要有"一桶水"，才能教给学生想要的"一杯水"，没有扎实的理论基础和较全面的知识结构是不能担当思想政治理论课教学重任的。因此，思想政治理论课教师提高自身的专业知识水平、拓宽自己的知识视野尤为重要。

最后，高校思想政治理论课教师自身的知识要做到"新"。所谓"新"指的是思想政治理论课教师要与时俱进，用新时代最新的理论武装头脑，创新思维，不断发展。特别是担任《思想道德修养与法律基础》和《形势与政策》的思想政治理论课教师，一定要紧跟时代步伐，根据不同专业、不同年级的学生特点，创新教学方法、及时更新教学内容，及时更新教学教案与课件。同时，高校思想政治理论课教师还要有创新精神、创新意识、创新思维和创新能力。

（五）提高思想政治理论课教师的教育教学能力

高校思想政治理论课教师一方面要掌握精湛、与时俱进、广博的知识；另一方面还须具备较强的教育教学能力。教育教学能力是一名教师必须具备的综合能力中最重要的一种能力，主要是包括重构教材的能力、进行科学合理教学设计的能力、表达自己教学思想的能力、严密组织教学的能力。

首先，高校思想政治理论课教师应具备重新架构教材的能力。高校思想政治理论课教材是国家统编教材，新时代高校教师应将"三教改革"作为教育教学改革的航标，其中就包括处理教材的能力，将教材体系转化为教学体系。重构教材能力是一种较高的能力，很多高校思想政治理论课教师一般不愿意重构教材，因为要费不少脑细胞，但是一名优秀的新时代高校思想政治理论课教师必须要有重构教材的能力，应该以学生为本，从学生角度出发，根据学生的专业、岗位需求、学生的不同性格特点，将思想政治理论课教材划分为合理的几大模块，即站在学生的角度科学合理处理教材，让学生最大限度吸收到自己想要学习的内容，而不是传统的教师把教材中的内容简单生硬地搬至课堂上，甚至照本宣科，这样是达不到教育教学的目标要求的。此外，国家统编教材理论性较强，在具体授课时，教师可以适当地在多媒体的使用上将内容加入一些图片、声音和动画，将教材生动、鲜活地呈现在学生面前。

其次，高校思想政治理论课教师要有一定的语言魅力。在课堂上，教师应使用严谨、通俗、生动的教学语言。语言是思维的物质外壳。教学语言是师生交流思想沟通感情的工具，它不同于一般的口头语言，又不完全是书面语言，其运用是否得当，直接影响教师的授课质量。思想政治理论课是一门政治性较强、思维缜密的课程，具有较强的学术性、科学性，思想政治理论课的这个特点要求高校思想政治理论课教师具有正确的判断和推理能力，逻辑思维能力要严密、严谨，避免使用不规范的语言，使用规范、严谨的教学语言。特别不能出现语言杂乱无章，前后矛盾的情况。要做到将复杂的道理简单化，简单的道理通俗化。因此，高校思想政治理论课教师在具体授课过程中，应该将理论型、知识型的知识用生动、通俗、幽默的语言表达出来，充分激发学生的学习兴趣，发挥学生的主体性，最大限度地调动学生主动参与课堂的兴趣，帮助学生更好地理解和接受理论知识。

（六）与学生坦诚交流，提高与学生对话的能力

高校思想政治理论课的特殊性要求我们必须深入了解学生，到学生中和学生交朋友甚至打成一片，了解社会的具体情况，对人生和社会有所思索，提高与学生的对话能力。高校思想政治理论课教师必须及时掌握学生的思想情况，及时纠正学生的错误思想，引导学生朝着正确的方向发展。与学生进行坦诚交流、沟通，交换彼此心里的想法，以便增加教师与学生之间的了解与信任，只有建立与学生之间良好的对话能力，才能将课堂上有效的内容传达给学生。

总而言之，具有优秀品格的教师可以感染、影响学生，使学生对教师产生一种敬佩之情，教师对学生发自内心的爱会使学生更想靠近老师，对教师产生一种亲切感，具有渊博知识的教师会使学生产生强烈的信任感，较强的教学能力可以使学生产生轻松快乐的感觉。在具体的教学实践中，我们都能感觉到，教师具有良好的自身素质，师生关系的融洽，轻松的教学环境，能够促使教师在课堂上将自己的知识毫无保留地传授给学生，也能将思想政治理论课内容的真理性、科学性展示在学生面前，从而发挥出马克思主义理论的魅力、展示教学的艺术魅力、教师的人格魅力。

四、建立一支高校思想政治理论课兼职教师队伍

在高等教育大众化进程中，兼职教师已成为高校实施人才培养的一支重要力量。在发达国家中，兼职教师是高等教育发展中的一项长久而持续的策略。

（一）高校思想政治理论课兼职教师的来源

在国外，高校兼职教师出现较早，如今很多发达国家已形成了一套较为完善的兼职教师队伍管理措施。在我国，高校兼职教师队伍出现较晚。目

前高校思政课兼职教师队伍大致由以下人员组成：

1.退休的大学教师

这些教师都有着丰富的教学经验，在教学中驾轻就熟，能够很好地完成教学任务，还能给青年教师以指导。并且，很多退休教师尤其从重点大学来的老教师，他们有的还是原校某些学科的科研带头人，他们到一般的大学还可以带动科研工作，帮助所兼职的学校提高科研水平和教育教学水平。这是高校兼职教师的一支较大队伍。

2.现职的大学教师

目前，高校之间互聘教师的现象逐渐增多，有的高校为适应市场的需要新增专业，却又缺乏足够的师资，只好从外校聘请相关教师。而部分教师在完成了自己本校的工作量之后，还有余力兼职增加一份收入，这无论是对聘请教师的学校还是对兼职的教师，都是有利的。同时，鉴于这种情况，各高校都采取了灵活的管理措施，为教师兼职开设了绿灯，因而，这部分教师在兼职教师队伍中占着很大的比例。

3.研究机构的科研人员

这部分人员往往处在某个学科的前沿阵地，他们到高校兼职，可以将最新的研究成果带进课堂，这对于活跃学生的思维、开阔学生的眼界、培养学生的科研创新能力，效果都是极为明显的。同时，科研人员到大学做兼职教师，对于推动大学的科研发展也起着一定的促进作用。

4.企业的专业人员

一般来说，专职教师都是在学校从事教学的人员，他们可能在某个学科领域里有着很高的造诣，但往往缺乏实践经验，因而在指导学生进行实际操作的过程中，显得力不从心。所以，在企业聘请一部分学历相当的、有着丰富实践经验的专业人员到高校做兼职教师，对于加强高校和社会的联系、增强学生的动手能力以及理论联系实际的能力等方面，有十分重要的意义。

（二）加强高校思想政治理论课兼职教师队伍建设的重要性

1.加强高校兼职教师队伍建设是高校自身发展的需要

（1）节约教育经费，增强人员弹性

聘任兼职教师有利于学校节省教育开支，提高经费使用率。而且与专职教师相比，兼职教师的培养和提高问题，在很大程度上可以由兼职者自己解决，学校无须投入太多的资金和精力。此外，兼职教师弹性较大，其聘任、解聘程序简单，聘用周期短，并且可以根据学校的实际需要随时聘请或解聘某学科、专业的教师，真正打破用人体制上的"大锅饭"，做到教师能进能出、能上能下。

（2）兼职教师有利于促进学科建设，优化高校师资结构

在市场经济条件下，我国高校的用人制度使教师队伍缺乏合理的流动，教师的知识结构、专业结构基本上处于封闭与稳定状态，要打破这种格局必须加大高校师资建设的力度。高等教育的多样性决定了许多学科不但需要拥有学识渊博、理论基础扎实的教师，也需要一些经验丰富、技术全面的专家，因此聘用来自生产、服务、管理或科研、工程技术一线的兼职教师加盟教学和人才培养，将有力地促进学校的专业改造和课程建设，改善"近亲繁殖"的学缘关系，调整和优化现有师资队伍的学科结构。尤其"大师"级兼职教授将对新增学科、交叉学科的建设起到关键性的作用，他们了解社会对人才质量和专业需求的状况，熟悉学术领域前沿的改革与发展趋势，通过兼职教学的形式或人才培养的过程将实践经验和科技信息反馈给兼职所在的学校，不仅弥补了专业教师紧缺的不足，而且改善和优化了师资的知识结构、学缘结构和专业结构。因此，向社会招聘优秀的兼职教师，能有效地带动学科建设并促进学校发展，保证人才培养的质量。

2.加强高校兼职教师队伍建设是教师自身发展的需要

来自科研实践第一线的兼职教师，渴望自己的学术水平和科技成果得到高校的肯定，来自兄弟院校的兼职教师也希望在学术上得到同行的认可，这就促进了学术交流，有助于教学质量的提高。兼职教师承担了一定的课程任务，这样专职教师压力相对减小，从而有时间和精力去精心备课、研究教学内容、做好科研等工作，以实现多向交流的良性循环。

3.满足学生的需要

一般情况下，兼职教师的实践经验较为丰富，能将理论和生产实际有机地结合起来，可让学生学到书本以外的应用方面的知识，提高他们的动手能力。这对缩短学生毕业后适应社会需求的时间十分有益。

学生非常渴望教授、名师进入课堂，渴望教师引入新的教学模式、教学理念、教学方法和教学手段。兼职教师的加入可以活跃学生的思维、开阔

学生眼界、培养学生的创新能力，使知识、能力、素质相结合，潜移默化学生的事业心、实践能力和可持续发展的意识，同时，有利于学生了解社会，增强社会的适应能力。目前，在我国高校的教学中，"满堂灌"的现象依然普遍存在，教师一味地注重传授理论知识，而忽视了学生实践能力和创新能力的培养，致使学生毕业后很难适应社会。兼职教师，尤其来自生产、科研第一线的兼职教师，他们熟悉生产实践，具有十分丰富的实践经验，了解本学科及相应技术领域的发展动态，能把新知识、新技术、新工艺、新方法等有机渗透到整个教学过程中，教学上更贴近现实，更有针对性，有利于加强学校的实践性教学环节。这些对于提高学校教学质量，拓宽学生社会视野，促使学生更多地了解社会，提高其实践能力和创新能力，增强其社会适应性等都十分有益。

（三）加强兼职教师队伍的建设，坚持专兼结合与规范管理

高校聘用兼职教师顺应了教育体制改革的需要，兼职教师的行为促进了人才流动。因为兼职教师的管理是加强高校师资队伍建设的关键，所以高校应根据实际需要，采取相应的措施。

第一，坚持兼职教师的聘任标准，制定科学合理的聘任方案及聘任标准，从改善和充实现有教师队伍的目标出发优化整个教育资源。公平、公正、公开地聘任兼职教师，做到竞争上岗，能者优先，防止聘任工作人情化、表面化和形式化，确保聘用的兼职教师德才兼备、素质一流。

第二，创造专、兼职教师合作的条件合理配置教育资源，加强专、兼职教师之间的合作是高校师资队伍建设的重要内容，是提高教学质量的最佳方法。高校要经常组织专、兼职教师进行学术交流，联合科研，切磋授课经验，相互取长补短，提高施教能力，把兼职教师教书育人的行为纳入高校人才培养的主体，激发兼职教师从教的积极性和创造性。

第三，建立兼职教师的考核制度。对兼职教师要进行定期和不定期的考核，对教学水平、科研成果、工作质量、育人态度等方面进行评价。聘用部门要建立兼职教师的业绩档案，根据考核的结果进行奖惩，并作为是否续聘的依据。

第五节　改善高校思想政治理论课教学改革的信息化条件

一、加强信息技术与高校思想政治理论课融合，构建"主导主体一体化"的教学理念

（一）明确融合目标

为了更好地推进思想政治理论课程朝着良好的方向发展，可将信息技术与思想政治理论课教学深度融合。高校思想政治理论课始终坚持主流意识的主导性，具有与时俱进的马克思主义理论品质，也有着相对稳定的学科价值取向，需要在不断的改革创新中加以完善和发展。首先，高校思想政治理论课可以坚持以科学理论为指导，并且需要探索此课程的授课规律，在探索中不断完善学科的理论基础，形成完整的理论体系，从而推进这门课程朝着科学化的方向发展；其次，高校思想政治理论课要始终站在时代最前沿，体现社会变化和时代发展的需要。党的十九大提出"加快教育现代化"的要求，高校思想政治理论课的科学性要求思想政治教育现代化必须同步进行，体现时代发展需要。课程的教学信息化既体现了该学科的科学性，又突出了课程的现代化价值。因此，加强现代化信息技术与高校思想政治理论课教学深度融合，可以有效促进该门课程的建设与发展，从而加强信息技术与思想政治理论课教学的深度融合。

（二）推行"主导主体一体化"的新理念

高校思想政治理论课传统的教学课堂上，过多强调教师教的角色，学生缺乏自主性，参与课堂的积极性不高，课堂效果不是很好。随着信息技术的不断发展，高校思想政治理论课堂越来越注重将信息技术与思想政治理论课深度融合，逐渐成为一种新常态，也成为高校思想政治理论课面临的新的挑战。要促进信息技术与高校思想政治理论课的有机融合，首先要转变理念。一定要改变传统的教师是课堂主体、教师一个人唱"独角戏"的局面，不断增强思想政治理论课的思想性、理论性和亲和力、针对性。

信息技术运用到高校思想政治理论课教学课堂，注重学生的学。需要注意的是，如果一味强调学生的学而忽视教师的主导作用，高校思想政治理论课教学改革便会偏离方向。因为高校思想政治理论课是意识形态课程，其主要目的是引导学生树立正确的思想观念，这一切离不开教师的言传身教。所以，在此过程中，教师的主导作用不可忽视。

第一，教师是整个教学的设计者、活动的组织者和引导着，对于教学内容的选取、教学方法的运用，教学具体过程的安排，教学评价等，都离不开教师的主导作用；第二，在课堂上发挥学生的主体性作用，要求思想政治理论课教师对学生的学习规律有一个较全面的了解，学生的心理需求也要考虑周到，实现学生"要我学"为"我要学"的转变，教师的主导作用不能少。因此，在教学过程中，要体现教师的主导作用、发挥学生的主体参与作用，必须树立"主导主体一体化"的理念，只有这样才能保证教学的有效开展。

二、提升教师信息素养，推进高校思想政治理论课教学信息化发展

（一）高校思想政治理论课教师全方位多渠道学习信息技术知识技能

目前，大部分高校思想政治理论课教师还停留在传统的教学观念上，并没有充分认识到信息技术已经被普遍运用于课堂教学，对信息化技术、思想政治理论课堂教学的重要性认识不足。部分教师也不愿轻易尝试新思维、新方法，主动运用信息化技术的老师并不多，甚至还出现部分教师"穿新鞋走老路"的现象。这些问题的出现主要归结于高校思想政治理论课教师缺乏系统全面的信息技术技能培训的机会，因此，高校要根据思想政治理论课教师的需求等实际情况对教师进行系统培训和学习。

加强高校思想政治理论课教师信息技术能力的提升，首先教师要转变教学观念，学习关于信息技术的理论知识，思想政治理论课教师要明白：信息技术与思想政治理论课教学的融合，不是简单地将信息技术作为一种简单的教学辅助工具，要实现两者的真正融合，就必须掌握新的教学理念和教学模式，带着这样的理念去学习信息技术相关理论知识，真正掌握促使两者融合的方法。在掌握好相关理论的基础上，注重实践操作，掌握从基本运用阶段—开发运用阶段—整合运用阶段—熟练运用阶段的四阶流程。解决好"为什么用、怎么用、能做什么、怎样做更好"的问题。在这四个阶段的学习中，达到有效提升高校思想政治理论课教师的信息技术技能的目的。同时注重培养思想政治理论课教师在培训过程中发现问题、分析问题、解决问题的能力，这样才能提高信息化技术的学习技巧。

（二）双向互动构建师生信息交流平台

教师与学生在信息技术方面如何实现有效交互，构建教师与学生之间"教"与"学"的交流平台很有必要。通过信息技术交流平台，高校思想政治理论课教师将自己所学到的信息技术技能运用到教学中，学生加以消化吸收，学以致用。

继"慕课"出现之后，为解决慕课存在建设成本较高、教学模式单一、完成率低、师生互动受限的问题，SPOC这种新的教学模式逐步登上思想政治理论课教学的舞台。SPOC教学模式是一种小规模限制性教学模式，主要供本校学生使用。SPOC主要采用混合型的教学模式，在原有的教学模式的基础上更加注重学生对知识的掌握情况、教师与学生之间的良性互动。SPOC这一教学模式具体包括了整个教学的课前导、课中学、课后练的三大环节。课前教师发布学习任务单，学生根据学习任务进行自学，总结问题；课中，教师针对学生课前遇到的问题进行讲解；课后，引导学生进行自我反思、总结，教师进行评价。在这个连续完整的三阶段教学过程中，解决了学生在学习过程中遇到的难题，师生之间的互动不断加强，提高了教学的针对性和实效性。

三、加强现代教育技术与素质教育

目前，创新立国已成为世界各国发展经济和参与国际竞争的一大趋势。因此，加强高校创新体系建设具有十分重要的意义。在机遇与挑战面前，原有的教育模式已不能适应社会发展的需要，教育必须实行改革和创新，人才素质必须更加优化。因此，加强现代教育技术，实施素质教育已经成为时代的呼唤和社会发展的需要。

（一）教育教学改革必须以教育观念的转变为先导

教育教学改革是教育系统的自我发展与完善，它是多维度的。简单地说，教育教学改革就是要使教育走出应试教育的误区，完成由以书本为中心、以课堂为中心、以教师为中心向以直接经验为中心、以活动为中心、以学生为中心的转变，以及由培养经验型人才向培养创新型人才的转变。我们所说的素质教育既是一种教育观念，又是一种教育模式，其实质上就是具有实际操作功能的教育观念。教育观念是人们形成的关于教育的比较稳定的世界观，是教育目的和手段、内容和方法的主体。教育观念主要有以下三大功能：（1）对特定集团的教育主张、教育秩序、教育行为加以正当化、普遍化、社会化；（2）使教育诸要素在统一的整体中各尽其能；（3）赋予教育者以使命感。教育观念具有一般导向功能。在教育、教学中占据指导者地位的素质教育观是与传统的应试教育观根本对立的。传统的应试教育观是在社会"升学热"中自发形成的，这种教育观念只见考分不见人，考什么就教什么，怎么考就怎么教，一切以考试作为指挥棒，引导学生"死抠书本、死记硬背、死追分数"；而素质教育是根据社会发展的需要提出的，它重视素质，需要培养什么样的素质人才就教什么，怎样教有利于提高人才素质就怎么教，一切以培养出符合时代要求的人才为依据，重视学生的全体发展、全面发展、个性发展。

（二）现行教育体制已无法适应新形势的发展

在未来的教育、教学活动中，网络和多媒体技术取代传统的黑板和粉笔是大势所趋。但是，还必须充分认识到，在教育、教学活动中，即使运用了最先进的现代信息技术，也并不一定意味着教育就现代化了，从传统教育向现代教育的转变，最根本的是教育观念的转变。

目前，高校教育依然存在诸多问题：在教育目标上，过分强调统一型号人才的培养，忽视学生个性发展；在教学管理上，注重强制性，忽视对创造性教学的考核；在课程体系中，文理分家，忽视人文素质培养；在课堂教学中，以传授知识为主，忽视创新思维的培养；在教学实验中，停留在验证性演示，忽视学生亲自动手的创造性实践；对学生的评价中，停留在考分上，忽视创新能力的考核。这反映出应试教育观念的影响仍然很深，尤其教育部门的教师与领导还没有从实质上理解素质教育或接受素质教育，也就不可能从根本上改变应试教育的现状。因此，在全民范围内尤其在教育部门内部普及素质教育观念，使素质教育深入民心，是加速新时代高校思想政治理论课第二课堂教学模式的实施路径的重要前提。

二是传统的课堂教学模式难以激发学生的创新热情。大学传统的教学活动主要采用"传授—接受"教学模式，教师通过语言传授和示范操作使学生接受、掌握系统的知识和技能。这种教学模式能使学生迅速有效地掌握系统的知识，教学效率高。但是，在这种教学模式下，往往教师讲得多，学生的活动少，学生感到单调、枯燥，容易出现"注入式"教学和学生死记硬背的现象。师生之间、学生之间相互交流机会较少，且交流时间有限。

（三）在建构主义学习理论指导下拓展新型教学模式

第一，在建构主义学习理论指导下的教学模式，强调以学生为中心，在整个教学过程中教师作为学习的组织者、指导者和帮助者，为学习过程创建必要的学习情境，要加强教学中的启发、提问、讨论和研究，促进学生思考；增加学生课堂的活动与作业，发挥学生的主体作用。新的教学模式应当将教师的主导作用与学生学习的主动性有机结合起来；将以知识理解为重点的教学过程与学生对问题的思考、分析、解决结合起来，即将教和学、讲和练、传授知识与培养学生的创新能力结合起来；使学生在相互协作中充分发挥自己的主动性、积极性和创造精神，主动参与到学习过程中。显然，在这种模式下，学生完全是认知的主体，学习强调的不再是对知识的记忆，而是重视培养学生的创造性思维和创造能力，以及获取信息、分析信息、处理信息和利用信息的信息能力。

第二，我国教育专家也提出了一种以教师为主导、以学生为主体的"双主"教学模式。这种教学模式是"以教为中心"和"以学为中心"的糅合与优势互补，它基本保留了"传递—接受"的教学过程，教师必须了解学生原有的学习基础，使讲授的新知识与学生认知结构中已有的相关知识联系起来，使学生以接受学习作为主要学习方式，教师有时处于中心地位，但更多时候是在教师的指导下，学生进行自主学习。素质教育的目标是使学习者全体发展、全面发展、个性发展。

第三，新的教学模式重视培养学习者的认知能力、创造能力，而能力只能在掌握必要知识的基础上，主要在实践应用中培养。因而教学中要增加实际练习、自由操作、社会实践等以学生亲身体验为主的学习内容，在课堂教学中必须运用具有交互性的教学和学习工具，把粉笔加黑板的教学变成以实践为基础的教学。而且，随着现代信息技术的发展，网络文化已逐渐成为一种基础文化，信息能力也日益成为现代社会中人们的一种基本生存能力。因此，教学中必须增加培养学生对信息获取、检索、分析、处理能力的内容，信息能力也要作为教育的培养目标。

（四）创建新型教学模式，推进素质教育的实现

1.把现代教育技术作为工具

在新的教学模式中，教学空间不再局限于黑板和讲台，借助于多媒体

工具和平台，教学可以从视、听、触多个维度展开。不仅教师的授课、指导、辅助要通过各类媒体进行，而且学生的学习和探索也要借助于各类媒体来实现。另外，各类计算机网络还构成了师生之间、学生之间互递信息的工具，教师的指导与学生的反馈都要在此基础上进行。

2. 把现代教育技术作为资源

素质教育重视知识与能力，不再片面强调对知识的记忆，因此，在这种基于"学"的环境系统中，必然要选择与应用大量的教与学的资源，现代教育技术能够提供多样化的学习资源，如，磁带音像教材、多媒体教学软件、校园网等，而且，网络本身就是一座世界上最大的教学资源库。

3. 用现代教育技术实现合作学习

合作学习是通过两个或两个以上的主体在一起互促学习以提高学习成效的教学形式。合作学习能够发展学生的自信心，尤其可以使学业上失败的学生在同伴帮助的过程中经历成功的体验，重塑自尊；可以提高学生的学习积极性和主动性，发展学生的主体意识；消除了在应试教育中竞争造成的人与人之间的冷漠与孤立，形成和谐平等的师生关系。可见，合作学习是以"学"为中心的教学模式的必然要求，应用现代教育技术提供的各种网络环境可以有效地开展合作学习。总之，通过有效的教学设计，我们可以使现代教育技术的优势得以充分发挥，建立行之有效的教学模式，推进素质教育的实现。

第七章 大数据创新高校思想政治理论课的实践探索

第一节 大数据创新高校思想政治理论课的方法论

随着互联网、云计算、物联网等新兴信息化产物的高速发展，大数据（Big Data）时代已经到来，"数据"正在发挥前所未有的功能和作用，并悄然改变着人们的生活方式和思维习惯。不可避免，大数据为传统思想政治理论课带来了革命性的改变。那么，大数据究竟会为思想政治理论课方法论带来怎样的创新？怎样在思想政治理论课中践行和应用这些创新方法？这些问题将思想政治理论课教改创新研究推向了一个新的高度，成为迫切需要探究、回答的问题。

一、大数据的定义

（一）大数据的兴起和发展

大数据时代，人和社会、物理环境这两大领域的计算都将蓬勃兴起。

物理环境领域的计算由来已久，大数据时代最大的亮点就是人和社会的计算，越来越多的社会问题都将通过计算得到解决。换句话说，由于大数据的出现，社会正逐渐变得可以被计算。可以计算的原因是，个人在真实世界的活动和社会状态被前所未有的记录，这种记录的密度很高，频度也在不断增加，为社会领域的计算提供了极为丰富的数据。

1. 社会计算的兴起

社会领域的计算，也被很多学者称为"社会计算"（Social computing），20世纪90年代，美国的学者最早提出这个概念之时，是从"社会软件"（Social Software）这个角度出发的，最早的社会软件是指支持群体交流的软件，如MSN、QQ等。社会软件降低了人际交往的成本，使大规模的合作成为可能。2004 年，社交媒体产生后，社会软件的功能被发挥得淋漓尽致，个人的行为和思想通过脸谱网、推特、微博等工具被广泛记录，有学者进一步明确主张，将基于社交媒体的行为分析称作"社会计算"。近年来，随着大数据的崛起，越来越多的学者认为，关于人和社会本身的数据现在已经极为丰富，而且这类数据还在快速增长，未来一切社会现象、社会过程和社会问题，都可以应该通过以计算为特点的定量方法分析解决，这样将更加精确、更加科学。虽然关于"社会计算"的定义正在演进中，国际共识也还未形成，但这并不妨碍相关研究的开展。

通过计算来解决社会问题，正变得越来越普遍。2013 年，美国肯塔基大学利用大数据平台，对学生的各种行为数据进行整合，如，各门课程的成绩、出勤率、在线学习平台的活跃度、使用图书馆等各种设施的记录，再通过数据挖掘，快速确认可能存在问题的学生，对他们开展专门的辅导，以减少学生流失。2013 年 7 月，有报道称，华东师范大学的一位女生收到校方的短信："同学你好，发现你上个月餐饮消费较少，不知是否有经济困难？"这条温暖的短信也要归功于数据挖掘：校方通过挖掘校园饭卡的消费数据，发现其每顿的餐费都偏低，于是发出了关心的询问，但随后发现这是一个美丽的错误——该女生其实是在减肥。可以想象，误会之所以发生，还是因为数据不够大，大数据的特点除了"量大"，还有"多源"，如果除了饭卡，还有其他来源的数据作为辅助，判断就可能更加准确。

通过社会计算，一些精细的、微妙的、在人类历史上曾经难以捕捉的关系和知识，现在都可以捕捉到，并被上升为显性知识。

社会领域的计算，也被很多学者称为"社会计算"（social computing），社会领域的计算、对类似知识和关系的捕捉，不仅能够有效推动社会治理，还能产生商业价值。总的来看，从根本上对处理大规模信息的现实需求推动了大数据相关技术的迅速发展，起初国家安全是大数据技术的主要推动力，伴随超级计算机的发明，大数据的存储和处理技术，大数据分析算法的研发，最终导致大数据在教育、金融、医疗等许多方面开始实施，广泛应用。

2. 物理领域计算的改革

除了在社会领域的计算正在兴起外，物理环境领域的计算也面临着革命。动因就是"普适计算"。传感器、可穿戴式设备等微小的计算设备将进一步普及，装备到全世界的各种物体上，包括机器、电器、人体、动物、植物等需要监测的目标，真正形成"万物皆联网，无处不计算"的状态。人类的数据总量将达到史无前例的爆炸性规模。

机器将是第一梯队。人类在进入机器大生产的时代之初，机器的效率在不断提高，但到达一个临界点之后，机器的效率就很难再优化了。当机器和机器相连，形成一个系统的时候，其效率问题就显得更为显著，一台机器的效率可能成为系统的瓶颈，一台机器的故障可能导致整个系统瘫痪，系统的复杂性使工程师常常顾此失彼，难以优化系统的效率。如果能通过传感器监测机器的运行状态，通过计算确认各类设备的良好程度，算准时间进行设备优化和维修更新，就能控制生产过程中的不确定性，减少意外情况带来的损失。

生活物联网的脚步越来越临近，我们即将迈进一个智能家居的时代，远在外面却可以根据需要遥控家里的一切设备，并且因为所有家庭都自动化控制，这些控制之间的连接可能还远远不止自动化这么简单，可能还有进一步开启其他意想不到的作用。

物理环境领域的计算的崛起将给全世界带来巨大的机遇。新一代的机器是能够记录自己的行为以及与其他机器的交换数据的智能机器，在机器"出生"的时候，传感器就已经和机器一体化了。面对机器产生的海量数据，各行各业都需要制定很多数据标准，使同一类别的机器，同一品牌的机器产生的数据能够自由整合、对比和分析。我们还需要新的分析平台和工具，同时，因为生产过程中机器工作过程中实时数据的获得，我们需要制定新的生产流程和规范，以提高各种决策的效率，在这个过程中，全世界会需要一大批数字机械工程师、软件工程师、数据科学家和人机交互界面专家。

此外，因为这种超级大爆炸，全世界的数据中心将大量增加，这将拉动硬件产业的发展。数据中心是耗电大户，建设清洁、高效、具有弹性的数据中心将是未来的一个重大挑战。此外，数据中心的增加还将推动宽带网、光纤网的建设，使各种数据中心能够跨地区、跨行业相连。

数据是一切行为的关键。大数据好比人类的新土壤，正是依托这片土壤，智能型的文明才得以滋生繁衍，充满生机和活力。未来已经来到我们中间，这将是一个由数据驱动、由算法定义的世界，自动化将接管越来越多的工作。毫无疑问，人类将从中获得更大的解放，但同时，这个新的社会形态也将给人类带来空前的挑战。

3. 大数据的定义与本质

（1）大数据的定义

大数据这个概念是由最先经历信息爆炸的学科，如天文学和基因学创造出来的。如今这个概念已经应用到了几乎所有人类致力于发展的领域中。

大数据并非一个确切的概念。最初，这个概念是指需要处理的信息量过大，已经超出了一般电脑在处理数据时所能使用的内存量，因此，工程师们必须改进处理数据的工具。大数据这个术语最早应用于 apacheorg 的开源项目 Nutch，用来表达批量处理或分析网络搜索索引产生的大量数据集。

谷歌公开发布 Map Reduce 和 Google File System（GFS）之后，大数据不仅包含数据的体量，而且强调数据的处理速度。数据分析领域，大数据是前沿技术，大数据以及数据仓库、数据分析、数据安全、数据挖掘是 IT 行业时下最火爆的词汇，大数据的商业价值已经成为信息行业争相追逐的焦点。大数据包括各种互联网信息，更包括各种交通工具、生产设备、工业器材上的传感器，随时随地地进行测量，不间断地传递海量的信息数据。利用新处理模式，大数据具有更强的决策力和洞察力，能够优化流程，实现高增长率，处理海量的多样化信息资产。归根结底，大数据技术可以快速处理不同种类的数据，从中获得有价值的信息，处理速度快，只有快速才能起到实际用途。

随着网络、传感器和服务器等硬件设施的全面发展，大数据技术促使众多企业融合自身需求，创造出难以想象的经济效益，实现巨大的社会价值，商业价值高，各行各业利用大数据产生极大增值和效益，表现出前所未有的社会能力，而绝不仅仅只是数据本身。所以，大数据可以定义为在合理时间内采集大规模资料、处理成为帮助使用者更有效决策的社会过程。

在今天，大数据被认为是一种人们在大规模数据的基础上可以做到的事情，大数据是人们获得新的认知、创造新的价值的源泉；大数据还为改变各种关系服务。

（2）大数据的本质

从人类认识史中可以发现，对信息的认识史就是人类的认识进步史与实践发展史。人类历史上经历过四次信息革命。第一次是创造语言，语言是即时变换和传递信息的工具，人类通过语言建立相互关系认识世界。语言表明人类要求表达、认识世界并开始作用于世界，通过语言产生思维。将事物的信息抽象表达为声音这个即时载体，但语言的限制和缺点是无法突破个体的时空。第二次是创造文字以及随之而来的造纸与印刷的技术，实现了人类远距离和跨时空的思想传递，人类因此扩大联合，文字虽然突破了时间、空间上的限制，但需要耗费太高的交流成本和传播成本。第三次是发明电信通信，电报、广播、电视实现了文字、声音和图像信息的远距离即时传递。为电子计算机与互联网创造奠定了基础。第四次是电子计算机与互联网的创造，是一次空前的伟大综合，其特点是所有信息全部归结为数据，表达形式为数字形式，只要有了 0 和 1 加上逻辑关系就可以构成全部世界。现代通信技术和电子计算机的有效结合，使信息的传递速度和处理速度得到了巨大的提高，人类掌握信息利用信息的能力达到了空前的高度，人类社会进入了信息社会。在一定意义上，人类文明史是一部信息技术的发展进化史。

①信息

信息是指有新内容、新知识的消息。信息是消除随机不确定性、是肯定性的确认和确定性的增加，并提出信息量的概念和信息熵的计算方法，从而奠定了信息论的基础。信息是指适应控制外部世界的过程中同外部世界交换的内容，信息就是信息，既非物质，也非能量。信息是反映事物构成、关系和差别的东西，包含在事物的差异之中而不在事物的本身。

从本体论层次信息可定义为事物的存在方式和运动状态表现形式，事物泛指存生于人类社会、思维活动和自然界中一切可能的对象，存在方式指事物的内部结构和外部联系。运动状态指事物在时空变化的特征和规律。从认识论层次看信息是主本所感知或表述的事物存在的方式和运动状态。主体所感知的是外部世界向主体输入的信息，主体所表述的则是主体向外部世界输出的信息。

②数据

数据是指能够客观反映事实的数字和资料，可定义为用意义的实体表达事物的存在形式，是表达知识的字符集合。性质可分为表示事物属性的定性数据和反映事物数量特征的定量数据。按表现形式可分为数字数据和模拟数据，模拟数据又可以分为符号数据、文字数据、图形数据和图像数据等。

数据在计算机领域是指可以输入电子计算机的一切字母、数字、符号，具有一定的意义能够被程序处理，是信息系统的组成要素。数据可以记录或传输，并通过外围设备在物理介质上被计算机接受，经过处理而得到结果。计算机系统的每个操作都要处理数据，通过转换、检索、归并、计算、制表和模拟等操作，经过解释并赋予一定的意义之后便成为信息，可以得到人们需要的结果。分析数据中包含的主要特征，就是对数据进行分类、采集、录入、储存、统计检验、统计分析等一系列活动，接收并且解读数据才能获取信息。

③数据与信息

数据是信息的载体，信息是有背景的数据，而知识是经过人类的归纳和整理，最终呈现规律的信息。但进入信息时代后，"数据"二字的内涵开始扩大：不仅指"有根据的数字"，还统指一切保存在电脑中的信息，包括文本、图片、视频等。其中的原因是，20世纪60年代软件科学取得了巨大的进步、发明了数据库。此后，数字、文本、图片都不加区分地保存在电脑的数据库中，数据也逐渐成为"数字、文本、图片、视频"等的统称，也即"信息"的代名词。

简单地说，信息是经过加工的数据；或者说，信息是数据处理的结果。信息与数据是不可分离的，数据是信息的表现形式，信息是数据的内涵。数据本身并没有意义，数据只有对实体行为产生影响时才成为信息。信息既可以离开信息系统而独立存在，也可以离开信息系统的各个组成和阶段而独立存在；而数据的格式往往与计算机系统有关，并随载荷它的物理设备的形式而改变。大数据可以被看作依靠信息技术支持的信息群。

4.大数据的分类与技术

（1）大数据的分类

①依据来源分类

大数据依据来源不同一般分为以下四类：科研数据、互联网数据、感知数据和企业数据。

a. 科研数据

科研数据在大数据时代前很久就存在，可能来自生物工程、天文望远镜或粒子对撞机，不一而足。这些数据存在于封闭系统中，使用者都是传统上做高性能计算（HPC）的企业，很多大数据技术脱胎于 HPC。早在大数据作为一个新概念出现前，曾经就有过一个概念：Data Intensive Scalable Computing（DISC）。

科研数据存在于具有极高计算速度且性能优越机器的研究机构，包括生物工程研究以及粒子对撞机或天文望远镜，如，位于欧洲的国际核子研究中心装备的大型强子对撞机，在其满负荷的工作状态下每秒就可以产生 PB 级的数据。

b. 互联网数据

互联网大数据是时代的主流，尤其社交媒体是近年来大数据的主要来源，几乎所有的大数据技术都源于快速发展的国际互联网企业。比如，以搜索著称的百度与谷歌的数据规模都已经达到上千 PB 的级别，而应用广泛影响巨大的脸谱网、亚马逊、雅虎、阿里巴巴的数据都突破上百 PB。互联网数据增长的驱动力，一是梅特卡夫定律（互联网企业的价值与用户数的平方成正比）；二是扎克伯格反复引用的信息分享理论：一个人分享的信息每一到两年翻番。

大型互联网企业的大数据生态系统比较独特，一方面不同程度上参与开源；另一方面维护自给自足的生态系统，甚至连硬件都越来越依靠自己了。从谷歌开始，后有 Facebook 的 Open Compute Project，国内有 TAB 主导的天蝎计划。大型互联网公司不只是自身产生大体量数据，它还有平台级的带动作用，如，Facebook 之于 Zynga，阿里牵头做的数据交换平台。中型互联网公司，基本上也能够维持大数据技术团队，只不过与大型互联网公司的核心开发能力和社区贡献能力相比，他们更多布重兵在外围开发、优化和运维。当然，他们多少会有一些绝招，如，豆瓣的推荐、暴风的 Hadoop 管理。三线互联网公司有数据但没有大数据能力，这催生了一些大数据技术和服务的机会，如，百分点为电商网站做个性化推荐和营销分析，各类广告联盟、移动应用服务平台为网站和移动应用提供统计分析、营销服务等。

c. 感知数据

进入移动互联网时代后，移动平台的感知功能和 LBS 的普及，基于位置的服务和移动平台的感知功能，感知数据逐渐与互联网数据越来越重叠，但感知数据的体量同样惊人，并且总量或许可能不亚于社交媒体。

d. 企业数据

企业数据种类繁杂，企业数据和感知数据本质上也并不是 MECE（不重复、不遗漏）的划分，企业同样可以通过物联网收集大量的感知数据。增长极其迅猛，之所以把它们分为两类，是传统上认为企业数据是人产生的，感知数据是物、传感器、标识等机器产生的。企业外部数据则日益吸纳社交媒体数据，内部数据不仅有结构化数据，更多的是越来越多的非结构化数据，由早期电子邮件和文档文本等扩展到社交媒体与感知数据，包括多种多样的音频、视频、图片、模拟信号等。

可以把企业数据和感知数据放在一起讲，是因为它们都涉及传统产业，从经济总量上要比互联网产业大很多，而且传统产业自身的大数据能力有限，所以这是大数据技术和服务企业的主要目标市场。但目前的现实就单个企业而言，具有大数据需求的并不多见。比如，麦肯锡的报告中把制造业列为大数据存量最多的行业，但很少有制造企业上马大数据项目。即使有，如 Zara，也只是在市场营销上加入了互联网的招数，获得来自终端的需求，供应链和生产这块相比大数据之前没有太多新意。通过数据采集和分析来提升制造业的效率，将会是个很大的市场，这是工业物联网，但未必是大数据。

互联网上的大数据不容易分类，百度把数据分为用户搜索产生的需求数据以及通过公共网络获取的数据；阿里巴巴则根据其商业价值分为交易数据、社交数据、信用数据和移动数据；腾讯善于挖掘用户关系数据并且在此基础上生成社交数据。通过数据进行分析人们的许多想法和行为，从中发现政治治理、文化活动、社会行为、商业发展、身体健康等各个领域的各种信息，进而可以预测未来。互联网大数据可以分为互联网金融数据以及用户消费产生的行为、地理位置以及社交等大量数据。

②依据使用主体分类

从社会宏观角度根据其使用主体可分为以下三类：政府的大数据、企业的大数据、个人的大数据。

a. 政府的大数据

各级政府的各个机构拥有海量的原始数据，构成社会发展与运行的基础，包括形形色色的环保、气象、电力等生活数据，道路交通、自来水、住房等公共数据，安全、海关、旅游等管理数据，教育、医疗、信用及金融等服务数据。在具体的政府单一部门里面无数数据固化而没有产生任何价值，如果关联这些数据流动起来综合分析有效管理，这些数据将产生巨大的社会价值和经济效益。

现代城市依托网络智能走向智慧，无论智能电网与智慧医疗，还是智能交通和智慧环保都离不开大数据的支撑，大数据是智慧城市的核心资本。建设智慧城市，大数据可以在方方面面提供各种决策与智力支持。政府作为国家的管理者应该将数据逐步开放提供给更多有能力的机构组织或个人来分析并加以利用以加速造福人类。奥巴马任期内的一个重要举措是美国政府筹建了一个 data.gov 网站，要求政府公开透明，核心就是政府机构的数据公开。截至目前，已经开放了上万个数据库。

b. 企业的大数据

企业离不开数据支持有效决策，只有通过数据才能快速发展，实现利润，维护客户，传递价值，支撑规模，增加影响，撬动杠杆，带来差异、服务买家、提高质量，节省成本，扩大吸引，打败对手、开拓市场。企业需要大数据的帮助才能对快速膨胀的消费者群体提供差异化的产品或服务，实现精准营销。网络企业应该依靠大数据实现服务升级与方向转型，传统企业面临无处不在的互联网压力同样必须谋求变革实现融合不断前进。

随着信息技术的发展，数据成为企业的核心资产和基本要素，数据变成产业进而成长为供应链模式，慢慢连接为贯通的数据供应链。互联网时代，互相自由连通的外部数据的重要性逐渐超过单一的内部数据，企业个体的内部数据更是难以和整个互联网数据相提并论。综合提供数据，推动数据应用、整合数据的新型公司明显具有竞争优势。

大数据时代产生影响巨大的互联网企业，而传统 IT 公司随着网络社会的到来开始进入互联网领域。需要云计算与大数据技术，改善产品，提升平台，实现升级，这两类公司互相借鉴，相互合作彼此竞争。

c. 个人的大数据

每人都能通过互联网建立属于自己的信息中心，积累、记录、采集、储存个人的一切大数据信息。根据相关法律规定，经过本人亲自授权，所有个人相关信息将转化为有价值的数据，被第三方采集可以快速处理，获得个性化的数据服务。通过信息技术使各种可穿戴设备，包括植入的各种芯片都可以通过感知技术获得个人的大数据，包括但不限于体温、心率、视力各类身体数据以及社会关系、地理位置、购物活动等各类社会数据。个人可以选择将身体数据授权提供给医疗服务机构，以便监测当前的身体状况，制订私人健康计划；还能把个人金融数据授权给专业的金融理财机构，以便制定相应的理财规划并预测收益。当然国家有关部门还会在法律范围内经过严格程序进行预防监控，实时监控公共安全，预防犯罪。

个人的大数据严格受到法律保护，其他第三方机构必须按法律规定授权使用，数据必须接受公开透明全面监管；采集个人数据应该明确按照国家立法要求，由用户自己决定采集内容与范围；数据只能由用户明确授权才能严格处理。

第二节 大数据创新高校思想政治理论课的基本阐释

进入 21 世纪，全球越来越多的组织机构开始"使用数据与分析来改善或生成新产品、新流程、新的组织方法和新的市场"，"数据驱动创新"（DDI）成为一个全新的经济增长源。在中国，以习近平同志为核心的党中央站在世界发展的最前沿，将发展大数据定位为国家战略，为深入推动我国"形成数据驱动型创新体系和发展模式"做出前瞻性整体布局和持续性方向引导。

一、大数据创新高校思想政治理论课的内在规定性

正确认识是科学把握的前提，科学把握是正确实践的先导。研究思想政治理论课与大数据的融合创新，首先要全面认识和把握高校思想政治理论课与大数据融合创新的本质内涵，深度剖析二者融合创新的生长点与内在机理，从而为进一步深入研究奠定理论基础。

（一）大数据创新高校思想政治理论课的认识和把握

大数据创新高校思想政治理论课是指以大数据时代为背景，以思想政

治理论课与现代信息技术深度融合为出发点，运用大数据思维和技术，对思想政治理论课的理念、方法、实践等进行创新研究，从环境、方法、过程等方面实现思想政治理论课教育教学的改革，解决思想政治理论课"如何用好大数据"的问题，达到网络育人目的，切实提升思想政治理论课教育教学效果，为国家意识形态长久规划提供有力支持。大数据创新高校思想政治理论课是"推动思想政治工作传统优势同信息技术高度融合"的全新探索，实现二者的有机融合、创新发展，需要从融合创新的角度全面认识和把握高校思想政治理论课和大数据的本质属性与功能内涵。

大数据创新高校思想政治理论课是思想政治理论课积极应对大数据时代教育发展际遇的主动探求。高校思想政治理论课是一门极富创新性与时代性的课程，其教学对象、教学内容等与时代发展紧密相关。从1921年中国共产党成立初期的马克思主义教育传播活动，到中华人民共和国成立以后成为正规课程并进行系统建设，直到今日形成一整套系统完善、运行有序的教育教学体系，我国思想政治理论课始终坚持与时代同行，立足社会发展和时代要求，多次进行重大课程调整和改革。进入21世纪，现代信息技术飞速发展，随着物联网、云计算和各种可携带电子设备的出现，大数据的功能与价值不断被发掘应用，高等教育领域同样掀起了大数据应用的热潮。面对大数据时代教育教学领域创新发展的时代际遇，思想政治理论课自然会主动适应时代变迁，积极寻求自身的转型升级，探索出一条与科技同轨的崭新路径。

大数据创新高校思想政治理论课的实质是将数据理论与教学实践相结合，构建教育与技术相互促进、相互监督的数据驱动型思想政治理论课教学生态系统。在信息技术高速发展的今天，蕴含丰富潜在信息的大数据是当代社会发展的新的"矿产资源"，它以一种前所未有的方式，通过对海量数据进行分析，获得有巨大价值的产品和服务，或深刻的洞见。大数据是信息技术与人类生产生活融合发展到一定阶段的产物，就本质来看，其仍然属于技术范畴，技术是大数据价值实现的重要手段。但大数据不仅是一项技术，也是一套科学理论，对包含特征定义、价值探讨、发展趋势和数据隐私在内的各种大数据相关理论的认知和把握，是我们有效应用大数据的前提和基础。此外，大数据的终极价值在于实践应用，然而客观事物千差万别，高校思想政治理论课同样有自身独特的运行发展规律，这就需要我们运用大数据理论具体分析高校思想政治理论课的特殊情况，适应高校思想政治理论课的客观变化，推动大数据理论与思想政治理论课教学实践实现具体的、历史的统一。

大数据思想政治理论课并不是要取代传统思想政治理论课，而是对传统教学模式的完善、发展、创新，是思想政治理论课教学生态系统的组成部分，共同致力于增强高校思想政治理论课的教学效果。从辩证发展的视角来看，新旧交替的过程是量变与质变的统一。一方面，大数据的应用使思想政治理论课教学质量更高、教学管理更科学、教学评价更全面、教学研究更有效；另一方面，大数据创新高校思想政治理论课会形成全新的教学运行模式，从而在教学、学习、研究、管理与决策等方面突破传统教学形态，使思想政治理论课在整体上展现出全新的教学面貌。这就要求大数据在创新高校思想政治理论课的进程中，坚持对思想政治理论课传统教育教学优势的创造性进行发掘，要果断抓住大数据为高校思想政治理论课带来的机遇，实现思想政治理论课的创新性飞跃。

（二）大数据创新高校思想政治理论课的生长点与内在机理

实现大数据创新高校思想政治理论课，关键是要找准二者融合创新的生长点，并循此探究以大数据为基础的思想政治理论课教学的内在运行机理。高校思想政治理论课与大数据分属教育教学和信息技术两个不同领域之所以能够进行融合创新关键在于二者具有共同的价值旨归，即在充分挖掘人和技术两方面优势的基础上，为学习者构建优良的学习环境，从而助力实现人自由而全面的发展。这一基本精神贯穿于高校思想政治理论课应用大数据的各个环节，从而推进新时代高校思想政治理论课教学的可持续发展。

大数据思想政治理论课教学有其独特的内在运行机理。与传统思想政治理论课教学以教师为主的中央式控制模式不同，大数据思想政治理论课是以大数据平台中央控制为主、以分布式控制为辅的教育教学模式。在这种模式下，思想政治理论课教学全过程将建立在大数据平台整体控制基础之上，构建策划团队、平台建设以及教学应用三大主体对各自领域进行分布式控制，并将评估调控贯穿教育教学全过程，通过各环节协同配合共同推动思想政治理论课发挥最佳育人效果。大数据思想政治理论课教学模式设计在本质上遵循辩证唯物主义的认识论原理，坚持从实践到认识，再实践再认识的循环认识过程。首先，策划团队通过运用大数据技术进行教学学习特征提取，并结合已有专家知识对思想政治理论课教学进行需求分析以形成关于思想政治理论课的先验理论。然后，将先验理论应用于教学实践，并由大数据平台再次采集教学数据信息，进而借助于后验原则检验特征正误，从而根据检验反馈信息持续在线更新特征，形成新的先验理论用于指导教学，如此循环往复。大数据思想政治理论课教学模式就是一种数据—信息—理论—实践的价值循环过程。

思想政治理论课大数据平台是实现大数据与思想政治理论课融合创新的支撑点，也是整体教学流程高效有序运转的重要载体，对于突破课程教学数据化过程中出现的"应用难""管控难"等技术瓶颈发挥着至关重要的作用。思想政治理论课大数据平台总体负责教学过程的操作与管控，下设教学模块、学习模块和中央控制分别服务于教师、学生与管理。策划团队是实现大数据创新高校思想政治理论课的"灵魂"，也是大数据思想政治理论课教学高效运转的航标，团队成员由思想政治理论课专业人才和精通大数据技术的人才共同组成，他们通过将"专家知识"与大数据相结合开展教学需求分析，并以此确定科学合理的课程教学方案，进而指挥方案具体落实到大数据平台模块建设以及最终的教学实施阶段。教学应用是实现大数据创新高校思想政治理论课的落脚点，是理论付诸实践并实现价值的归宿，主要由思想政治理论课教师主导实施。教学实践阶段根据教学流程划设课前汇聚优质教学资源、课中教学设计以及课后教学反馈三个环节，能够助力教师高效备课，有针对性地进行教案设计，并及时收集课后反馈信息改进教学。

基于大数据的思想政治理论课是一种"技术赋能"的教学模式，真正实现了将教育者主体认知的"专家知识"与大数据客观测定的"技术知识"进行有机结合，不仅赋予教学流程更快的教学反馈能力、更高的教学设计能力以及更强的教学互动能力，而且能够提高教师的教学能力和学生的自学习能力。

二、大数据创新高校思想政治理论课的必要性

在马克思主义政治经济学领域，价值表现指商品的内在价值通过商品交换而得到外在表现。将这一内涵引申至当前语境，我们可以把思想政治理论课与大数据融合创新的价值体现理解为：大数据融合的内在价值通过创新思想政治理论课教学而外在表现为对思想政治理论课教学改革、对国家治理

现代化、对思想政治教育学科的价值。

（一）增强思想政治理论课教学改革的内生动力

近年来，党和国家多次谈到我国高等教育改革要走以质量提升为核心的内涵式发展道路。思想政治理论课作为实现高等教育内涵式发展的灵魂课程，其自身的改革发展同样需要"向内求索"，激发思想政治理论课发展的内生动力。与外部环境动力相对，内生动力指产生于事物本身的自发动力。唯物辩证法认为，矛盾是事物发展的根本动力，其中，事物的内部矛盾是事物发展的源泉，决定着事物的性质和发展方向。可见，探求思想政治理论课的内生动力，就是从思想政治理论课教学活动自身出发，寻找存在于教学活动之中的内部矛盾，化解矛盾的过程就是增强思想政治理论课教学改革内生动力的过程。

思想政治教育内生机制源于人们的内在需求，因此，思想政治理论课必须解决好课程教学目标与大学生成长发展的需求之间的矛盾，从教育对象的生活实际和现实需求出发，激发思想政治理论课教学改革的内生动力。大数据通过收集和分析海量教学数据使数据中的"隐性"信息"显性化"，颠覆了我们对思想政治理论课教学矛盾双方的理解认知，使思想政治理论课在科学理解大学生成长发展需求的基础上，推动自身在目标设计、运行方式、评价标准和方式等方面进行体制机制变革。首先，基于大数据的目标设计使思想政治理论课在教学方案设计之初就有了科学的目标指向，从而使思想政治理论课教学设计更加合理可行；其次，在大数据监督下的教学运行能够及时反馈教学过程中的问题，从而实时调整教学环节、改进教学方式，提高课程教学质量；最后，数据实证分析为教学评价提供了科学依据，从而使思想政治理论课教学评价突破知识性评价的单一维度，摆脱结果性评价的束缚，真正实现过程性评价。

大数据开启了以"数据驱动"思想政治理论课教学改革的征程，是一种良性循环过程，通过融合大数据开展思想政治理论课创新发展，能够科学把握教育对象的成长发展需求，推动思想政治理论课教学体制机制更加完善，进而增强思想政治理论课的吸引力、感染力。这种由思想政治理论课教学活动自身变革而产生的内在驱动力，推动着思想政治理论课在大数据时代焕发出鲜活的生命力。

（二）改善思想政治工作助力国家治理现代化水平

从思想意识层面提升国家现代化水平的创新性探索，包含两个方面的现代化，即国家治理体系的现代化和国家治理能力的现代化。国家治理现代化水平是衡量一个国家的制度完备程度和制度执行能力的重要依据。国家治理现代化的进步意味着国家软实力的增强，蕴含着社会民主化进程的推进，体现着对公民权利的尊重。

国家治理现代化水平的提高有赖于国家法治、社会共治、基层自治公民德治，以及其他各方面科学管理水平的提高。国势之强由于人，人才之成出于学。国家治理现代化说到底是人的现代化、教育的现代化，培养具有良好社会道德的公民是国家治理现代化的关键。青年是国家的未来民族的希望，高校对青年成长成才发挥着十分重要的作用，而高校思想政治工作对人才培养质量则发挥着根本性的作用，因为它关系着高校培养什么人、如何培养人以及为谁培养人这个根本问题。高校思想政治理论课作为思想政治工作的主渠道、主阵地，始终致力于培养有理想、有道德、有文化、有纪律的"四有"公民，致力于实现人的现代化，从而为国家培养现代化的公民、培育现代化的治理理念。可以说，思想政治理论课教学质量直接影响着国家治理现代化的水平。

大数据时代，思想政治理论课将大数据的技术优势融入教育教学过程有助于充分发挥思想政治工作的国家治理功能，进而提升国家治理的现代化水平。一方面，大数据赋予思想政治理论课更强大的教化、引导功能从而充分发挥对国家治理现代化的牵引作用。大数据的出现，使思想政治理论课从学生需求侧出发进行教学供给侧结构性改革成为可能，由此在提升学生的获得感、满足感的同时，激发学生主动接受教育进而进行自我教育的积极性，有效实现对大学生的思想教化和价值引导，促使青年形成良好的治理理念、价值共识和道德素养，为国家治理现代化扫清思想观念障碍，充分发挥和提升国家软实力的牵引作用。另一方面，大数据赋予思想政治理论课更强大的协调、控制功能，从而充分发挥对国家治理现代化的保障作用。

在传播国家主流意识形态和党的路线、方针、政策的同时，通过对学生大数据进行挖掘分析，教育者能够更为全面、快捷、直观地倾听大学生的呼声，并及时向有关部门反馈，成为改革完善社会各方面体制机制、法律规范的依据，从而在协调党群关系的过程中化解社会矛盾，保障国家治理现代化的有序进行。

（三）促进思想政治教育学科的科学化与学科化协同发展

学科化是经过知识聚拢和方法革新而形成学科的过程，科学化则是学科成为科学、消除经验主义和认知盲目性的过程。学科化与科学化是辩证统一的。一方面，学科化与科学化具有不同的目标指向和基本内涵；另一方面，两者又相互依存、相互渗透、共同发展。科学化是学科化的逻辑起点，学科化是科学化的最终归宿。大数据创新思想政治理论课既是思想政治教育学科的科学化推进，也是思想政治教育学科的学科化发展，两者相互作用共同致力于思想政治教育学科理论与实践的现代化发展进程。

首先，在学科的科学化方面，大数据技术使"让数据说话"成为可能，通过对一系列教学数据、学生数据、网络数据的挖掘分析，客观、真实地反映人们的思想倾向和行为趋势，从而使教学决策、教学评价与管理、教育规律发现等各项教学环节的实施有了科学数据的支撑，而不再仅仅凭借教师的经验与直觉开展教学活动。由此，在数据化的基础上，思想政治理论课将大数据的"客观测定"与主观分析的"主体建构"相结合，推进了思想政治教育学科的科学化进程。其次，在学科的学科化方面，大数据创新思想政治理论课是实现教育与技术的学科交叉、学科整合的过程，思想政治教育学科的发展需要充分挖掘自身优势，同时也离不开对其他学科的借鉴。尤其在现代知识更新创造的快节奏时代，思想政治理论课运用大数据并不会弱化思想政治教育学科的学科特色，相反，通过对大数据知识的创造性应用，思想政治教育学科体系将更加完备、学科领域将更加拓展学科方法将更加科学。大数据创新思想政治理论课推动着思想政治教育学科的学科化进程。最后，思想政治教育学科的科学化与学科化是协同发展、相互促进的，两者如同鸟之两翼，相辅相成。大数据创新思想政治理论课在推动思想政治教育学科科学化的同时，也促进了思想政治教育学科的进一步发展完善。

三、大数据创新高校思想政治理论课的机遇和挑战

大数据及其相关技术的飞速发展，给大学生的思想和行为带来了潜移默化的影响，学生在不知不觉中改变了他们原有的生活方式、价值观念和思维习惯。在此背景下，顺应我国大学生群体学情变化以及教育发展现实需求，大数据与思想政治理论课的深度结合成为各高校有效开展思想政治理论课的重要途径。依据已有教育大数据应用实践，我们可以看到大数据在发挥其新兴、便捷优势的同时，也因其传播方式的无障碍性、内容庞杂性等特点给思想政治教育带来了严峻挑战。因此，我们有必要借鉴管理学中的态势分析法从内部原因（S：优势；W：劣势）和外部原因（O：机会；T：威胁）两个方面，更加直观清晰地对大数据创新高校思想政治理论课的优势与劣势、机遇与威胁进行分析，并在此基础上针对大数据运用过程中所出现的问题提出合理的解决方案，增强思想政治理论课的实效性。

（一）大数据创新高校思想政治理论课的优势和劣势分析

大数据不仅推动社会体系发生变革，也使教育体系在思维、结构、方式等方面发生重大转向与变革，从而助推思想政治教育理念、方法等方面的革新。但事物发展往往具有两面性：一方面，信息技术与教育的视域融合推动了现代社会发展，为思想政治理论课的教学注入了新鲜血液；另一方面，我国高校的思想政治理论课自身存在的劣势制约了它的发展速度，必须正面分析并予以解决。

1. 大数据创新高校思想政治理论课的优势

大数据发展日新月异，我们应该审时度势、精心谋划、超前布局、力争主动。作为新型信息技术，大数据已经成为信息时代发展的主题。随着国家大数据战略的实施，各高校信息平台也相继完善，加之学生网络化生存的逐步渗透，大数据已由概念推广逐步发展到实践应用阶段，在课堂教学实践中为师生良性互动创造有利条件。

其一，推动思政课教学观念革新，满足师生交互需求。思想政治理论课是教育者在全面了解大学生思想动态和行为表现的前提下，为达到一定的教育目的，对大学生不完善的道德观念、政治观点进行正确的指导教育，使其形成符合社会发展要求的思想观念、政治观点、道德规范的教育教学活动。大数据在思想政治理论课领域的应用，为教师全面了解学生的思想动态和行为表现提供了便捷途径，也促进了师生教育观念的双向互动交流，丰富了思想政治教育载体。翻转课堂、慕课等新型教学模式的出现便是大数据的产物。新形势下，师生教育观念不断重塑，线上线下相互融合，线上学习与线下教学内容相互补充，师生互动、生生互动越来越频繁，较好地满足了学生自主学习的需求。

同时，大数据满足了师生交互需求，为学生提供了广泛的交流平台使学生能够随时随地进行交流互动、信息共享和情感宣泄。具体而言，社交网络以及各大搜索引擎为学生提供了便利，学生可以在这里畅所欲言、表达观点。当学生在学习上遇到困难、生活上遇到困惑时，可以第一时间通过大数据互联网络寻找自己所需要的答案；当学生学习任务繁重、就业压力大时，也可以利用碎片化时间在网络空间寻找精神上的满足。由此，大数据的即时性特点和交互性优势得到完美展示。

其二，促进思政课教学资源公平分配，搭建师生交流平台。大数据信息沟通的方式突破了传统空间的概念，促进了思想政治理论课资源的即时共享，克服了传统媒体信息的缺点。首先，大数据推动思想政治理论课教学内容、形式等由平面到立体、由理论到实践转化。思想政治教育工作者不仅能够在课堂上对学生传道授业，也能通过大数据网络平台共享信息资源，在思想政治理论课堂教学中充分运用大数据的便利、快捷的特点。其次，数据信息打破了地理位置的限制。网络大数据平台及时引进国外先进的教育方法和教育内容，思想政治理论课工作者在提升自身的同时也需要对学生因材施教，教育主客体双向提升。最后，大数据打破了时间界限。

在网络大数据即时传递的大环境下，思想政治教育工作者可以打破传统的时间、地域限制，通过网络平台沟通交流。

随着世界众多知名高校通过大数据网络逐渐推出名师公开课程，丰富的课程资源极大地激发了学生的学习兴趣，他们可以根据自身实际情况兴趣爱好开展学习，建立属于自己的科学的学习计划，不断提高控制自我战胜挫折的能力，更好地在学习中得到提升。然而在我国尊师重道的传统观念下，大多数学生对老师存在敬畏心理，遇到困难时更多的是向同学等身边人寻求帮助而不愿意向老师敞开心扉。这样的现象在大数据发展以后得以改善，学生有困难可以和老师线上沟通交流，在这里创造了师生平等的空间，学生获得充分的话语权，更加凸显了学生的主体地位，有利于建立和谐、平等的师生关系。

其三，拓展思政课教学内容，活化课堂教学形式。学校使用大数据云技术平台，将纷繁复杂的教学资源、教学教务、教研课改、校园安全等校内日常应用转变为智能化、个性化、多终端兼容性应用，能够使用户获得更好的体验。云平台给广大学子提供了一个包容性的学习平台，在课程评价方面，学生使用大数据的学习分析技术，可以对自己知识水平的掌握程度进行科学化的测评，实现"智慧化"。这将打破传统教学时间和空间的限制，促进思政课教学发展。就高校思想政治理论课教学来说，应该建立思想政治理论精品课程网站、数字化的线上学习平台、微课等网络课程阵地使教学延伸至课堂之外，实现师生线上线下随时互动，使思想政治教育课堂活跃起来。

（二）大数据创新高校思想政治理论课的劣势

任何事物的发展都有其自身的限制，大数据与高校思想政治理论课的融合发展也存在自身的劣势，一些不容忽视的"并发症"制约着大数据融合创新的发展速度，如，主客体难以快速适应教育模式、思政课教师队伍应用大数据能力参差不齐等问题。

一是思政课教学主客体难以快速适应教育模式。以灌输为主的传统教育模式依旧是当前教育的主流，老师讲授、学生接受的学习方式使得学生的主体性被限制，学生的自主学习能力逐渐丧失。而在大数据创新模式下，学生有更多选择权。随着思政课课程改革，学生的主体性、自主性被更好地凸显出来，学生作为思想政治理论课教育主体，以自我引导、自我总结、自我安排的新模式，完成自身思想的提升、内容的完善与接受。例如学生登录选课系统，根据兴趣爱好选择课程，独立完成课程内容和学习任务，按时参加考试且达到考核标准才可结业。教师"教书匠"的角色得以转变，根据学生的需求科学分配教学任务，循序渐进引导学生开展学习。这种由"授"到"学"的主体权利关系的转变，以及教育观念和教育方式的差异大大冲击了传统高校以教为主的教育观念，也加大了学生学习的压力，因此绝大部分高校师生在短时间内难以适应。

二是思政课教师队伍应用大数据媒体能力亟待加强。高校思想政治理论课教师队伍面临着大数据带来的新挑战。网络新媒体的发展使得各类信息传播速度极快、覆盖范围极广、影响群体众多，这些都需要高校思想政治理论课教师群体保持敏锐的信息洞察力和较高的知识素养。针对社会上的热点焦点问题，给予学生正确的价值观导向，避免学生被社会舆论蒙蔽，同时注意学生的网络日常使用，针对学生在学习和生活中的各种疑虑及时解答，利用大数据的优势开展思想政治教育。但从目前的高校思想政治理论课教师队伍建设水平来看，教师都具有较高的思想政治教育素养，但对于现代网络技术的操作还有所欠缺。要想在大学生中开展全方位、立体式的思想政治理论课教学，更好地发挥大数据与思想政治理论课的实效性，教师队伍应用操作能力仍需加强。

三是思政课课堂教学中存在学生学习自律性不稳定现象。利用大数据网络随时随地开展自主学习是大数据创新高校思想政治理论课的一大优势利用好现有形势下的机会进行高效学习，对学生的自律性是一大挑战。现在处于知识碎片化、时间碎片化、学习碎片化的时代，与思想政治教育学习的整体性、系统性产生矛盾，也与学生学习的实际情况不符。一方面，网络课程学习需要完成多个模块的学习，才能掌握各方面知识，极大考验学生的耐心和毅力；另一方面，学生在自主学习过程中没有外界监督，遇到困难容易放弃，课程设计及课程考核存在应付心理，极大考验学生的自制力。

（三）大数据创新高校思想政治理论课的机遇与挑战

大数据与思想政治理论课的深度融合是思想政治理论课与时俱进的表现，是时代发展的新要求。思想政治理论课在外界环境与先进的教育理念的引领下，发展空间得以提升，这对教育主客体、教育资源配置以及教育模式创新都是非常大的优势。然而，在发展过程中，挑战和威胁也随之而来，这些因素在一定程度上制约着大数据与思想政治理论课的发展。

1. 大数据创新高校思想政治理论课的机遇

大数据为新时代思想政治理论课的创新提供了巨大的发展空间和可能。利用好大数据引发的新一轮教育技术革命契机，有助于优化思想政治理论课结构体系，更好地促进思政课的改革与创新，全面提升思想政治理论课的发展水平。

一是国家意识形态建设的发展要求为思政课提供良好环境。加强国家意识形态领域建设一刻也不能放松，面对大数据技术，自然要与时俱进，以新手段、新方式、新要求、新目标助力国家意识形态建设，加强国家意识形态安全与稳定，抢占意识形态话语权。借助大数据网络信息技术增强国家主流意识形态的吸引力和影响力，通过意识形态教育促进思想政治理论课观念革新，坚定理想信念。讲好中国话，增强国家主流意识形态引导力，创新话语表达、思想政治理论课传播机制，拓展意识形态的传播空间，扩大宣传范围，凸显思想政治教育成效，提升社会主义意识形态的影响力。中央各项文件的出台以及党中央提出的新部署、新要求，为国家意识形态的建设营造了良好的制度环境。随着大数据网络技术的高度发达，网络思想政治教育成为思想政治理论课的重要组成部分，国家对思想政治理论课在大数据时代的发展也越来越重视。关注新时期大学生思想行为的新特点新变化，促进意识形态领域优化发展，用信息化手段实现教育公平及资源共享，都很好地印证了大数据与思想政治理论课的完美结合是顺应时代发展潮流的新举动。

二是大数据技术的发展为思政课提供机遇。大数据技术逐渐成熟，给思想政治理论课教学的发展提供了更多选择。大数据的更新换代使思想政治理论课教学模式、教育理念、教育内容与方法发生了很大的转变，同时也拉近了教育与学生、教师的距离。云计算、自媒体的发展推动了大数据网络的升级，真正实现了足不出户"网罗天下事"，看视频、查资料、网络学习成为现在大多数人的上网目的。云计算在教育教学中的运用，降低了平台运营的成本，扩大了教育教学的规模，尤其云计算思想政治理论课课程的共享发展，缩小了发达地区与欠发达地区的知识鸿沟，极大地促进了大数据思想政治理论课的成熟发展与应用。大数据与思想政治理论课课程的结合，将思政课带入网络发展时代，大数据下的思想政治教育不只是教育技术的革新，更是一种突破传统的全新的教育模式，推动高等教育的变革与创新。因此，高校思想政治理论课的发展离不开大数据网络。

三是大数据在教学中得到广泛应用为思政课提供条件。围绕大数据创新思想政治理论课的任务，各高校纷纷探索思政课革新方法，有些高校还积极推行大数据教改试点，致力于提升思政课教学质量。思想政治理论课教学由原来的理论教学趋向于实践教学，教师讲授与学生参与相结合，运用经典研读、主题演讲、小组讨论等形式开展思想政治课程，增强学生的参与度与体验感，提升思想政治教育课程实效。学科考查方式由原来的纸质化、单一化逐渐转变为数据化、多样化，将大数据引进思政课。例如东北大学研究生思政课引入蓝墨云班课手机应用软件，依托线上交流开展思想政治教育课程展示，学生扫描二维码进入蓝墨云班课，教师抛出精心设计的"问题链"，学生通过弹幕发送答案，提高了思政课的吸引力，改变了学生对思政课"照本宣科"的刻板印象。同时，手机应用涵盖发送通知、分享资源、课堂考勤、批改作业等多项功能，教师可以对每位学生的学习进度进行跟踪、对学习成效进行评价，真正实现大数据与思政课、教师与学生的无缝对接。思政课与大数据的融合，加强了思想政治教育"主阵地"建设，零距离助力思政课的成长，让思政课摆脱了课堂的束缚，转变了思政课教师的话语模式，使思想政治理论课融入更多大学生的生活中，逐步实现全员全过程全方位育人。

2. 大数据创新高校思想政治理论课的挑战

大数据在创新思想政治理论课的过程中也面临着各种潜在风险与挑战，如将引发主客体关系重塑、教育资源缺乏长效整合机制、思想政治教育技术应用面临伦理问题等，这些因素都制约着思想政治理论课的创新发展。

其一，将引发高校思政课主客体关系重塑。传统课堂中，教师占据中心，拥有知识、能力等方面的绝对优势，课堂上传授的知识也是经过教师严格筛选，并根据教学大纲精心设置，以灌输的方式传导给学生。而学生只是被动接收信息，听取课堂上教师教授的知识，一般没有自主权和选择权。大数据时代，通过互联网高校学生可以根据自己的需求，及时获取各类信息，他们接受的信息量有可能超过教师，教师不再是知识的主要来源知识的权威性受到挑战。

高校是社会思潮传播的重要场所，是各类价值观和意识形态汇聚的重要阵地。大数据时代，各种思潮的传播呈现日常化、隐蔽化的特征，无形之中增大了意识形态的风险。大数据时代，各方面信息传播速度比以往任何时候都快，不同思想理论观点的交锋越来越频繁，包含着西方价值观念中一些不当的观念，对于心智尚未成熟的高校大学生来说，无疑增加了选择正确信息的难度，无形中影响了他们价值观及政治立场的选择偏好，部分大学生甚至对高校思想政治理论课产生了怀疑。

其二，高校思政课教学资源缺乏长效整合机制。构建教学资源长效整合机制是大数据创新思想政治理论课的一项重要任务，强大的技术支持高效的运营管理离不开各高校之间、校企之间的协作。然而，在当前的发展中，从技术到制度依旧缺乏长效的资源整合机制。一方面，在资源认知上，还需加强对资源数据库建设重要性的认识。大数据网络被用于信息管理系统的各个方面，不仅能够提高工作效率，数据库的功能也得到最大限度地利用。

目前学校领导等行政管理部门缺乏对大数据教育资源的深刻理解，不利于思想政治理论课的发展。另一方面，在制度保障上，需要建立统一领导组织、协调规划管理制度。大数据网络使得信息资源日益丰富，但很多信息未经过严格的筛选，质量参差不齐，缺乏信息质量控制与管理，因此，要加强制度保障，注重质量，使信息资源与大数据网络安全建设相互协调、共同发展。由以上两方面原因可知，我国大数据创新思想政治理论课急需一套完整的资源整合机制，以促进我国高校思想政治理论课良性健康发展。

其三，高校思政课技术应用面临伦理问题。大数据网络在助力思想政治理论课发展过程中会受到网络问题的影响，思想政治理论课的技术应用问题随之暴露出来。首先，技术带来的便捷性优势与面临的隐私风险难以平衡。思想政治理论课技术应用缺少审视，媒体技术大行其道，对于技术的可靠性以及技术安全与维修等修缮措施欠缺。网络安全问题会对思想政治理论课教学造成一定的影响，例如，各类手机应用软件在课程教学使用中可能造成隐私的泄露，重要教育信息资源丢失等问题。其次，网络硬件问题存在的隐患影响思想政治理论课的正常教学。在日常教学中，大数据网络瘫痪、故障等现象难免发生，维修人员并不能每次都及时解决，这就会导致教学课程的中断，不利于教师上课、学生学习的连贯性。如果不能很好地应对这些困难和挑战，那么大数据就不能为高校思想政治理论课教学提供帮助，并且还会起到一定的制约作用。因此，在面对大数据网络的技术问题时，要学会将这些因素进行科学的处理，减少这类因素对高校思想政治理论课的影响。

3. 大数据创新高校思想政治理论课的战略分析

高校思政课教育工作者还需继续推进大数据创新高校思想政治理论课的发展进程，认清自身的劣势和外来的威胁。同时，充分发挥优势条件，利用国家政策文件的保驾护航，克服外部不利因素的限制，紧紧抓住有利机会，化解威胁，立足当前，着眼未来，从而制定出一系列有利于我国高校思想政治理论课创新发展的对策。

（1）利用外部机会发挥大数据创新高校思政理论课的优势（SO策略）

信息化时代，大学生面对纷繁复杂、丰富多彩的网络，具有独特的自我意识、个性鲜明，这就需要思想政治理论课教师通过线上线下相结合的方式，依据大数据的科学研究与分析，把握当代大学生的思想状态和个性特点，及时准确地了解学生的思想动态，因材施教开展思想政治理论课教学。同时，参考大数据反馈的信息及时调整教学计划，引导学生积极健康发展，发挥高校思想政治工作的校园合力，提高教育效果和水平，提高高校思想政治理论课的教学实效性。大数据对思想政治理论课教学方法的创新极大地提升了思政课的吸引力、感染力，有利于增强思政课育人效果。一方面，多媒体教学改变了之前枯燥的讲述方式，使得思政课堂更加形象生动，大学生对视听感官的需求得到满足，提高了他们的学习兴趣；另一方面，思想政治理论课课堂由理论到实践的转变，主题演讲、小组辩论等形式的思政课堂使每一个主体都能融入学习中，引导学生积极思考，加强小组团结协作的能力，有利于树立正确的世界观、人生观、价值观。

（2）利用外部机会克服大数据创新高校思政理论课的劣势（WO劣势）

教师在教学活动中应用大数据网络技术，使教育主客体在应用的过程中慢慢适应变革的教育模式，调动学生的主观能动性，营造师生平等、共同发展的新局面，尊重教师对教学的组织和主导作用，尊重学生作为学习主体的主动性和能动性。大数据时代需要更多具备思想政治教育理论功底和数据技术能力的复合型人才，加强思政课教师队伍对大数据的使用能力，定期组织教师技能培训，使教师在教学活动中能够熟练地使用大数据，利用大数据了解不同学生的学习特点，利用大数据网络资源的协同配合，建设好思想政治理论课教学主渠道，努力构建实践育人、网络育人的思政新格局。教师在思想政治理论课授课过程中使用大数据网络平台，学生在与老师线上互动的过程中接受思想政治教育，对老师提出的问题积极解答，课后认真完成练习并通过线上方式提交作业，遇到重点难点及时与老师进行线上沟通交流，克服在没有外界监督情况下的惰性，增强自制力。

（3）发挥大数据的独特优势规避思政理论课面临的挑战（ST策略）

大数据时代背景下高校要积极转变教育意识，更新教育观念，积极主动地适应大数据与思想政治理论课深度融合的教学要求，高度重视大数据在思想政治理论课中的发展，使其更好地融入思政课堂。首先，高校运用大数据技术为思想政治理论课教学制定总体的课程目标，设定与之相匹配的实施路径，在科学的规划与设计下，教师和学生能够更加科学有效地使用大数据教学资源。其次，利用大数据掌握校园意识形态动向，把握校园意识形态话语主动权，对校园错误舆论等负面消息做出回应和澄清，引导校园意识形态风向，提升校园官方媒体的权威性，扩大校园官方媒体的影响力。最后，高校通过运用大数据网络对思想政治理论课课堂的进程进行监督，对教学现状有一个初步的了解与认识，并对教育过程中出现的问题及时给出解决方案和策略，适度调整教学内容，推动高校思想政治理论课教学的创新与进步，顺应时代发展新要求。

（4）"内外合力"改变思政理论课劣势应对挑战（WT策略）

首先，邀请专门的大数据的技术人员到高校开设大数据辅导培训班，组织思想政治理论课工作者参加、学习。通过专门培训班和一线技术人员的讲解帮助思政工作者更好、更快地学习大数据的理论知识，掌握大数据的技术，让他们在思想层面上从认识大数据、接受大数据，向认可大数据转变，只有这样才能够在行为上真正将大数据运用到思想政治理论课的教学中。其次，大数据技术有其专业性在里面，要想真正掌握大数据技术还需要专业的大数据人才。所以，需要储备具有专业知识和专业技能的优秀人才，鼓励并吸纳他们加入高校思想政治理论课大数据技术团队。最后，还可以将与大数据技术相关的课程纳入思想政治教育专业学生的培养计划中，编写相应的教材，开设专门的课程，通过理论和实际操作相结合的方式，考核他们的学习情况，并给予课后的辅导和帮助，培养他们的理论知识与实践应用能力，壮大思想政治理论课工作队伍，弥补大数据在思想政治理论课中应用不足的缺憾。

四、大数据创新高校思想政治理论课的价值意蕴

随着信息技术的迅猛发展，大数据深刻地影响着人类社会生活的众多领域。教育大数据的思维方式和技术优势使高校教师得以从教学理念、教学内容、教学方法、评价方式等方面实现高校思想政治理论课的全面创新。大数据与我国高校思想政治理论课的深度融合和创新发展，将深化高校思想政治理论课教学的学理基础，推动高校思想政治理论课教学的实践探索，促进高校思想政治理论课的系统建设，实现高校思想政治理论课学科化与科学化的内在统一。

大数据作为一种巨大的信息资产，不仅是一种技术，还是一种价值观和方法论，其价值不仅体现为庞大的数据信息，更体现为通过对海量和多样化的数据进行分析，从中获得有价值的信息。大数据在各领域的广泛运用，使我们深刻地认识到充分挖掘大数据在思想政治教育过程中的价值，深入推进高校思想政治理论课与大数据的融合创新，对于革新高校思想政治课教学理念，创新高校思想政治理论课教学模式，增强高校思想政治理论课的针对性、预测性、实效性具有重要的理论价值和实践意义。

（一）凸显高校思想政治理论课的功能特性

随着网络信息技术的迅猛发展及信息总量的与日俱增，大数据应用与技术创新已经渗透于人类社会生活的方方面面，人类日益显现的网络行为蕴含着内在的真实意图和个性喜好。在教育领域，非结构性、非线性数据具备前所未有的价值，以一种颠覆性的力量推动着教育教学的变革。高校思想政治理论课教学自然不能例外，以因事而化的求真态度、因时而进的科学精神、因势而新的时代内涵，积极与大数据展开融合创新，在信息社会展现出自身禀赋的功能特性。

1. 助推价值观念的引领，巩固意识形态安全

由于人的思想具有动态性、复杂性和多样性特征，占统治地位的思想往往不会轻易地被人们接受和认可，高校思想政治理论课作为对学生进行思想教育的主阵地，对大学生的价值观念起着重要的引领作用，是党和国家夯实社会主义制度、巩固马克思主义意识形态指导地位的有力武器。改革开放40多年来，我国的意识形态工作取得了明显成效，但也存在一定的薄弱环节。从国际来看，经济全球化、政治多极化、文化多元化背景下世界范围内各国思想文化之间交流交锋交融，不同国家意识形态之间的斗争风起云涌，西方国家打着所谓"自由""民主"的幌子大肆鼓吹自身的价值理念和行为方式，通过信息技术的文化输出，宗教手段的文化扩张以及高层论坛、学术研讨等手段对我国民族文化和意识形态进行公然批评，使我国部分高校学生深受西方宪政民主、新自由主义、"普世价值论"等错误思潮的影响出现政治信仰上的迷茫、价值观念方面的混乱。从国内来看，中国特色社会主义进入新时代，我国正处于全面建成小康社会和建设社会主义现代化强国的关键时期。随着全面改革的进一步深化、社会利益关系的进一步调整，我国经济社会的平稳发展仍然面临诸多挑战，社会层面的浮躁和急功近利，功利主义、拜金主义等不良社会思潮的盛行，极易反映到高校学生的思想意识上来，青年时期作为学生世界观、人生观、价值观成熟的关键时期，由于社会经验不足，

加上身心发展的局限，容易造成自身民族意识的缺失、文化意识的偏差、社会主义主流意识信仰的扭曲。因此，新形势下统一思想、寻求共识、凝聚力量的任务比以往任何时候都更加迫切。

思想政治教育作为有目的、有组织、有计划地向人们施加思想观念、政治观点、道德规范的社会实践活动，要切实发挥对学生理论教育的深入性、正面舆论的导向性作用，巩固马克思主义意识形态的指导地位，使其呈现出强大的生命力和感召力。大数据时代背景下，一方面，高校思想政治理论课借助大数据传播时效快、覆盖范围广的优势，主动研判舆情，对我国的主流意识形态进行清晰的阐述，及时明辨是非，对曲解我国意识形态的言论进行必要的澄清，正确把握动态，加强社会主义核心价值观教育，大力传播与弘扬社会正能量，切实对我国主流价值意识形态进行宣传与坚守，促使自身在激烈的思想文化竞争中把握主导权。另一方面，大数据与高校思想政治理论课的深度融合，使高校思政课的阵地意识得以凸显，通过加强对社交平台、智能软件等新媒体的运用，优先占领网络思想文化阵地，大力弘扬中国特色社会主义先进文化，积极拓展我国主流意识形态的传播空间、构建全方位的思想政治教育媒体阵地，凸显马克思主义的当代价值，巩固马克思主义在主流意识形态中的指导地位，促使其在多种意识形态斗争中永葆生机和活力。

2. 助推数据素养的提升，促进人的全面发展

任何事物的发展都不会是一帆风顺的，新事物的出现往往伴随着新问题、新情况的出现，大数据时代的到来改变了人们的思维和生活方式，人们在享受数据技术带来的巨大便利的同时，也极易出现精神信仰上的空虚，大数据与高校思想政治理论课的深度融合，使人们越来越意识到人文教育与科学教育相结合才是适合人们最好的教育。其一，高校师生的大数据技术应用能力得以提高。近年来，大数据在国内外众多领域的发展应用使我们发现，由于知识、技术的局限，大数据在人们思维、工作、生活方面的运用仍然处于浅尝辄止的阶段，在大数据时代初期人们对数据往往具有极高的热情，但面对数据时代多元异构的数据来源、海量复杂的数据内容、实时动态的数据更迭，知识的匮乏和能力的局限使高校师生欠缺必要的数据技术和数据思维能力，在数据收集、提取、处理方面面临诸多问题。大数据与高校思想政治理论课的创新融合使数据技术理论知识走进高校课堂，让广大高校师生能够及时了

解大数据工作原理和运作流程、掌握基本的大数据收集与处理技术，在提升高校师生数据知识储备的同时，为数据思维意识的增强奠定坚实基础。

其二，高校师生的数据道德、安全意识得以提高。大数据技术创新与发展作为一个不断充实和完善的过程，要使其不发生价值异化是不可能的。随着数据技术的广泛应用，人们的生活方式被数据毫无保留地记录下来，个人信息高度透明，个人隐私安全成为亟待解决的问题，不可避免地带来诸如数据独裁强化、数据隐私保护、数据安全隐患等一系列技术伦理挑战。高校思想政治理论课通过对高校师生的数据责任意识、安全意识、法治意识等正确价值观念的引导和约束促使高校师生深刻思考数据技术应用背后的伦理意蕴和法律后果，自觉在思想和心理上建立起抵御不良数据信息的防线，强化自身的数据安全风险意识，树立正确的数据伦理道德观念，严格把控自身的数据媒介行为，从而最大限度地弱化大数据的负面价值，发挥其正面价值，促进大数据与高校思想政治理论课的和谐发展。由此可见，大数据与高校思想政治理论课的融合创新有利于高校师生科学文化素质与思想道德素质的同步提升，对于全面提高高校师生的综合素质，促进其全面发展具有重要意义。

3.助推学科话语权建设，夯实课堂主渠道基础

大数据时代的到来极大地推动了高校思想政治教育的信息化，并为教育领域带来深刻的变革。第一，从高校思想政治理论课的话语传播途径来看，智慧树、尔雅、学习通等多样化的网络课程的发展，使得参与网络互动平台和收看教学直播的学生日趋增多；智能学习软件、视频直播APP等网络学习终端的投入使用，使网络在线学习和远程教育成为学生获取知识的新天地；与传统的思想政治课堂教学中教师以教材语言进行理论灌输的教学方式相比，这种迎合学生兴趣爱好和学习需要的新颖的教学方式更容易被学生追捧和接受，从而造成传统思想政治理论课堂教学在学生心中地位的下降。大数据与高校思想政治理论课的融合创新增强了高校思想政治理论课的问题意识，利用微信、微博等将思想政治理论课搬上自媒体平台，以更好地弘扬和传播社会主义核心价值观，把握高校思想政治理论课的话语主动权，发挥高校思想政治理论课的价值引领作用；通过运用大数据技术建设思想政治理论课的专用教学平台，凸显高校思想政治理论课的教学特色，更好地契合学生群体个性化的需求，增强学生对思想政治教育的认同感，发挥高校思想

政治理论课的主渠道作用。第二，从高校思想政治理论课的话语主体来看，在信息时代开放共享的环境下，信息的获取公开透明、方便快捷。一方面，教师不再是文本知识的唯一解读者，教师之外的专家、学者对文本知识的解读使得学生在文本知识的学习与领悟上拥有更多的选择，在思想政治理论课的教学过程中，教师不再具有绝对的权威，其主导地位开始下降。另一方面，大学生不再是被动的学习者，学生通过数据平台自主筛选和获取自己感兴趣的信息，学习态度由被动接受转向主动探求。这不仅直接推动学生自我知识体系的建构，而且有力地推动了学生知识话语权的提升。

大数据与高校思想政治理论课的融合创新使高校思想政治工作者认识到以下问题。一要从自身做起，通过增强理论话语权、改善教学话语权、拓宽传播话语权来及时优化思想政治理论课话语体系，巩固高校思想政治理论课在大学教育中全程育人和全方位育人的主导地位。二要转变观念，随着人类社会民主化进程的推进，构建思想政治教育共同体的呼声日益强烈，高校大学生作为重要的社会中介环节，是各种新思想、新潮流、新观念的积极接收者与实践者，具有引领和辐射社会的潜在能动性，确立学生的话语主体地位，让学生运用自身丰富的知识和开放的思维方式来影响整个社会的思想观念、价值取向和精神风貌，促使学生将个人成长发展融入新时代的大格局中，才能更好地构建思想政治教育话语权，夯实高校思想政治理论课教学主渠道。

（二）推进高校思想政治理论课的科学化进程

大数据时代的到来，秉承"一切皆可量化"的原则，对人们的思维方式产生了革命性的影响。大数据思维及其相关技术与我国高校思想政治理论课的深度融合，激发了高校教师运用大数据创新思政课教学理念、教学内容、教学方法、教学评价的积极性和创新性，教师们的努力探寻势必开创高校思想政治理论课的新局面，对于我国高校思想政治理论课的科学化发展具有重要意义。

1. 教师运用大数据互联互通优势，更新思政课教学理念

理念是行动的先导。数据时代的交互性、立体性、动态性的特点激发了人们的创造性思维，深刻地影响着人与人之间的交往方式，使学校思想政治教育呈现新的特征，因此，更新传统的教学理念对高校思想政治理论课改

革具有重要意义。

第一，凸显了以人为本的教育理念。随着数据时代高校思想政治教育环境日趋复杂多变，学生在学习思想政治理论课之前，已经或多或少建立了自我认知的结构，但由于缺少整体的宏观把握，这种认知结构多是肤浅、片面的。在这种情况下，高校教师应坚持以学生为本的现代化教育理念，围绕学生成长发展的诉求来谋划马克思主义信仰教育的课程设计与教学实施，做好思想政治理论课的供给侧结构性改革；将满足学生成长发展需求和期待作为思想政治理论课改革的出发点和落脚点，提升思想政治教育的亲和力和针对性；观照学生在接触新事物和新理论过程中存在的误区，引导他们提升思维认知、树立正确价值取向，增强思想政治教育的导向性和实效性。

第二，推动了精致化教育理念的实践。精致化教育理念倡导科学管理与人本管理的高度融合，科学精神与人文精神的高度统一，高校教师借助数据技术手段，在严格遵循教育规律、科学原则和规范制度的基础上，在思想政治理论课教学过程中，既注重独立思考、开拓创新的科学精神，又尊重人的价值、人的精神，强调高校思想政治理论课的科学管理和人文效益的统一。此外，精致化教育理念是对非同质化教育的创新思考，高校教师在尊重学生的个性差异的基础上，依照因材施教的原则创造性地开展思想政治教育工作，切实解决大学生思想政治工作中的现实问题，推进高校思想政治理论课由一般化到个性化、粗放型到精致化的发展，使高校思想政治理论课更加规范化、细致化、精益化。

第三，树立了整体育人的教育理念。大数据是由大量的个体数据组成的一个整体，如果把整体的数据割裂开来，大数据的实际应用价值将会不复存在，不同于依赖小数据和精确性的时代，大数据的整体性思维方式强调全面、综合地处理和分析问题，更完美地反映事物的内在现象，揭示事物系统发展的规律和本质。思想政治教育过程中的整体育人理念的树立包含以下两方面。一方面，在育人过程中坚持整体安排、统筹规划，使大学的思想政治教育突破传统高校课堂教育的时空限制，整合利用各种资源，把思想道德教育渗透到学校教育的各个环节中，实现全科育人、全程育人全员育人。另一方面，在育人目标上注重学生整体性的培养，促进学生全面发展。既注重学生科学文化素质的培养，又注重学生道德情操的教育，不断提高学生综合运用知识解决实际问题的能力，推动学生的全面发展。

2. 教师运用大数据轨迹追踪技术，丰富思政课教学内容

教学内容作为课堂教学的信息和纽带，是高校思想政治理论课的重要组成部分，教学内容的选择直接关系到理论的说服力和可信度。

其一，教学内容体现时代性。在大数据时代信息资源海量化、多样化、高速化的背景下，高校教师可借助数据技术追踪、浏览学生感兴趣的时代话题，并将其与思想政治理论课进行有机结合，从庞大的信息资源中迅速高效地查找迎合学生兴趣的、与课堂教学紧密相关的视频、文本、动画等教学资源来丰富思想政治教育教学的内容，增强思想政治教育的趣味性，达到吸引学生目光、激发学生学习兴趣的目的。此外，高校教师还可以在教学过程中灵活运用各种教学案例，及时更新教学素材，向学生传播各种新知识、新观点，使教学内容体现时代性、更具时效性。

其二，教学内容更具针对性高校思想政治理论课作为高校学生的必修课程，其教材适用性不强，针对不同专业、不同基础、不同地域的学生，采用统一的教材，忽视了学生的个性差异，大数据在高校思想政治理论课中的运用，加强了高校思想政治教学内容的针对性。一方面，教育者可根据受教育者的思想品德及其发展需求对教学内容的顺序进行重新安排，在适当时机添加教学案例，使教学内容更具实效性；另一方面，教育者可根据受教育者的思想方式和专业知识对教学内容的选择有所侧重，注重选择与其专业相关、切合其发展的教学内容，拉近思想政治教育理论与学生的距离，使教学内容更具亲和力，在潜移默化的过程中让思想政治教育真正融入学生的学习和生活中，最终达到思想政治教育的目的。

其三，教育内容更具层次性。一是可以更好地解决中学思想政治教育与高校思想政治理论课的衔接问题。与中学思想政治教育的知识传授不同，高校思想政治理论课要更注重内化与外化的统一大数据所具有的相关因果分析，可帮助教育者推进教学层次的递进，使教育者在理论知识传授的基础上，更加注重学生正确世界观的养成与实践能力的提升，更好地帮助受教育者解决思想道德转化过程中的疑惑，将教育内容内化于心，外化于行。二是可以更好地实现高校思想政治理论课教学内容之间的合理分工。高校思想政治理论课教材编写过程中通过对相关数据的收集、分析、处理可以避免教材

内容的重复编写，使各门课程内容突出特色和新意，促使高校教师在教学过程中更加注重挖掘重复知识点的深度，使课程理论的讲授更具穿透力，以此来增强思想政治教育的实效性。

3. 教师运用大数据预测研判功能，创新思政课教学方法

教学方法是提升思想政治理论课吸引力、感染力和亲和力的关键，其直接决定着思想政治理论课的教学效果。大数据时代的到来，教学方法从单一性向多样化发展，高校思政课教师充分利用数据技术优势推进思想政治理论课教学方法的创新，对增强高校思想政治理论课的实效性具有重要的指导意义。

其一，大数据为互动式教育方法创造了有利条件，体现了教学过程中的双主体地位。相对于传统思想政治教育方法重视教育者的单向灌输，大数据时代，高校思想政治理论课可以通过微课、慕课、翻转课堂等线上网络课堂与学术讲座、课堂研讨等线下网络课堂的有机结合来全方位开展思想政治教育工作。这种线上线下相融合的教学方式增加了教学过程中师生双方的互动，体现了教学过程中的双主体地位。在整个教学过程中，教师与学生共同参与，学生可以根据自身需求，有针对性地获取学习资源，通过手机、平板电脑等移动端及时与教育者交流自身想法与疑惑。教育者可以对学生学习过程中产生的大量数据进行分析，突破传统课堂教学场所的限制，及时把握学生的思想动态，对其进行适时引导，从而更好地落实高校思想政治理论课的全程育人模式。

其二，大数据为个性化教学方法提供了现实依据，提升了高校思想政治理论课的针对性。传统教育方法重视群体性教育，轻视学生个体性差异，大数据时代则更加注重教育的精准化、个性化和科学化，要求发展学生个性，体现学生个人特色。在思想政治教育过程中，教育者可以根据学生学习需求、特点和风格，注意到个体学习程度之间的差异，对学生进行有针对性的教育，通过对受教育者学习过程中思想动态和行为方式的把握，借助数据系统有针对性地向学生推送学习资源，从而提高高校思想政治理论课教学内容的个性化服务水平，增强高校思想政治理论课教育教学方式的针对性和实效性。

其三，大数据为预见性教育提供了有力依据，增强了高校思想政治理论课的前瞻性。传统的教学方式认为人的思想始终处于动态的发展过程中且

具有未知性，而建立在相关关系分析法基础上的大数据认为一切皆可量化，并为人的思想的可预测性提供了实证支撑，大数据技术按照"针对过去，揭示规律，面对未来，预测趋势"的规律，对受教育者的日常学习、生活数据进行分析和处理，并利用其相关关系建立对应的数据分析模型，进一步揭示本质、发现规律，对受教育者可能出现的思想和行为偏向进行及时的预判，针对其可能出现的问题提前进行引导，事先教育，防止其思想和行为发生偏向，以此来增强高校思想政治理论课的前瞻性和导向性。

4. 教师运用大数据精准描摹特性，优化思政课评价方式

高校思政理论课的教学效果及质量的评价与考核，作为教学活动的重要环节，是保证高校思政理论课教学目标实现、学科建设发展的有效途径。高校思想政治理论课考核方式的科学化和合理性，对于优化思想政治理论课的教学过程，提高思想政治理论课教学质量和效果具有重要意义。传统思想政治理论课的考核，主要采取教师通过出勤情况、作业布置和期末考试等方式对学生的学习效果进行最终的评估。这种考核方式单一且考核内容比例不合理，难以充分发挥考核的反馈作用，达到提高思想政治理论课的教学实效、促进学生全面发展的目标。在大数据背景下，数据类型的多样性和数据覆盖的全面性，可以对高校思想政治理论课做出更加科学和精确的考核与评价反馈。

一是数据的发展使教育工作者可以通过对学生的网页浏览内容、课后作业完成情况、网络课程在线学习时长等数据进行及时有效的收集，对学生的学习进度、学习效率和学习能力等做出客观的判断，使考核方式更加客观和全面。此外，教育者在对学生的学习状况进行整理分析的过程中，不仅可以分析出学生此阶段的学习状态，还可以了解到学生学习过程中的疑惑点和兴趣点，有针对性地就学生中存在的主要问题进行重点讲解，在丰富教育考核方式的同时，可以增强思想政治教育效果。

二是传统的思想政治理论课的考核方式与实践相脱节，只注重理论知识的考核而缺乏对学生能力和素质的评价，大数据可以通过学生德育测评、心理健康、社会实践、奖惩信息等方面的数据为学生建立较为完备的个人电子档案，为学生的考评提供更加全面化和科学化的数据支持，以此来优化学生评价的标准，达到促进学生德智体美劳全面发展的教学目的。

此外，大数据不仅优化了学生的考评方式，而且使得对教师教学的评价更加客观与全面。一方面，大数据丰富了教学评价的主体，高校可以成立专门部门对教师运用大数据资源的情况进行定期检查，并根据教师运用的效果，给予反馈意见；另一方面，大数据丰富了教学评价方式，学校可对教师基于大数据技术的教学设计、教学组织活动以及学生上课兴趣点、参与度、实效性进行数据分析，使教师教学的考核方式更加多元化，使对教师教学方法的评价更具客观性和科学性，为教师教学活动的改进提供更加科学的参考依据，从而促使教育者更好地开展思想政治教学活动。

（三）体现高校思想政治理论课的学科建设

21世纪，学科分工以细化和专业化为发展趋势，学科之间的相互渗透，极大地促进了新兴学科的出现和发展。大数据与高校思想政治理论课的融合创新，是高校思想政治理论课依托大数据平台，在遵循"理论—实践—理论"教学规律的基础上，不断丰富思想政治教育学科的理论体系和实践路径，推动思想政治教育分支学科发展的实践探索。

1. 深化了高校思想政治理论课教学的理论研究

大数据与高校思想政治理论课的创新融合作为马克思主义理论教学与研究的具体实践，极大地丰富了马克思主义教学与研究的理论指导，两者的融合创新能够促进新的研究理念、新的研究空间、新的探讨议题的产生和发展。

第一，大数据与高校思想政治理论课的交叉融合拓宽了思想政治教育理论研究的广度。目前，大多数有关跨学科视角下高校思想政治教育理论的研究，都局限于马克思主义理论一级学科的内部和其他人文社会科学类学科两个方面，与自然科学类学科的跨越关联比较缺乏。大数据和高校思想政治理论课作为自然科学和人文社会科学两个不同领域的代表，两者的融合创新使高校思想政治教育教师突破了原有的思维方式、拓展了理论研究的视域、提高了学科之间的跨度，促使高校教师在广泛汲取多种学科优势的过程中，进行思想政治教育新理念新思路的交流和探讨，从而丰富思想政治教育学科的理论研究体系。

第二，大数据与高校思想政治理论课的交叉融合促进了思想政治教育理论研究的深度。数据所具有的实时分析能帮助高校教师从多方面更加精准而深刻地把握学生在思想政治方面存在问题和解决之道的内在机理，从而结合思想政治教育的本质和内在规律，深入探究思想政治教育教学方法的实效性，增强思想政治教育学科理论的合理性。一方面，有效地回应了人们对思想政治教育缺少理论支撑、没有理论意蕴的诘难；另一方面，将思想政治理论的研究推向纵深层次，深入推进数据支撑下的思想政治教育入心的教学内容、方法研究，建构新形势下加强和改进高校思想政治理论课教学与研究的理论体系，为后续思想政治教学实践提供科学理论指导此外，数据技术和高校思想政治理论课的通力合作，揭示了不同学科之间的相关性和统一性，开辟了学科之间渗透融合的具体途径，促进了学科研究方法上的沟通与借鉴。

2. 推动了高校思想政治理论课教学的实践探索

习近平总书记在全国高校思想政治工作会议上指出，运用新媒体新技术使工作活起来，推动思想政治工作传统优势同信息技术高度融合，增强时代感和吸引力。大数据创新高校思想政治理论课是新形势下做好高校思想政治工作，推动高校思想政治理论课走向信息化、科学化、国际化的实践探索。

其一，大数据作为信息技术革命与人类社会生活融合的产物，既属于技术性的范畴，又具有客观实在性。大数据与高校思想政治理论课的融合创新以解决教育实践中的问题、提升受教育者的思想道德素质为目标追求，同时兼顾理论体系的构建，是实践取向的研究范式，两者的深度融合极大地拓展了高校思想政治理论课的实践空间。其通过对加强师生之间的互动与交流，构建平等、多元的师生关系的具体路径的探索，来提高高校思想政治理论课教学的针对性和实效性，为高校思想政治理论课的科学化和学科化发展提供了实践基础。

其二，大数据技术运用为新形势下高校思想政治理论课教学提供实证支撑。在大数据时代，秉承"一切记录、一切量化"的原则，借助大数据技术对受教育者思想发展方面的实证分析和模型建构，用数据化的方式来描述充满感情的教育过程，为高校教师对大学生情感的把握提供实时化、可视化、客观化的参考依据，使量化研究方式成为思想政治教育得心应手的新工具，以此来准确把握受教育者的思想动态。这不仅有助于推动高校思想政治理论课由注重经验化向坚持科学化的转变，还有助于教育者更加深入地思考教学理论和教学实践之间的关系，避免教学实践的盲目性，增强思想政治理论课的教学实效性。

其三，大数据创新高校思想政治理论课是在立足于马克思主义理论的教学与研究实践基础上，通过分析两者在融合过程中的成果和问题，总结马克思主义理论教学与研究的经验和方法，探究其潜在的理论教学与研究的规律，从而更好地建构新形势下的马克思主义理论教学实践体系。这不仅为马克思主义理论教学与研究提供了实践支撑，而且其所形成的理论、方法、成果为马克思主义理论教学研究提供了科学指引，为自然科学与社会科学的交叉融合提供了经验支持和发展导向。

3.促进了高校思想政治理论课交叉学科的发展

在大数据时代，随着数字化程度的加深，越来越多的学科在数据层面趋于一致，可以用相似的思想来进行统一的研究，学科交叉发展成为知识生产和科学研究的主要方向，学科建设呈现出不断分化和综合的趋势。面对复杂的教育环境，单一的思想政治教育学科在应对社会问题时显得力不从心，思想政治教育需要及时借鉴不同学科的理论视角和研究方法来更加清晰和完整地把握认知对象。大数据与高校思想政治理论课的交叉融合，不仅顺应了学科发展趋势，打破了单一的学科视野，而且推动了思想政治教育学科的分支发展，展现了学科开放性的知识品格，促进了思想政治教育由解构到重新建构的发展。

其一，思想政治教育学科是在借鉴伦理学、教育学、政治学、社会学、心理学等诸多学科优秀成果的基础上形成的一门具有整合性质的交叉学科，交叉性是思想政治教育学的内在属性。高校思想政治理论课与大数据的融合创新是高校思想政治理论课提高自身问题意识的体现，通过对数据技术和思维方式的借鉴来提高高校思想政治理论课的认同感，体现了思想政治教育学科的自觉性与交叉性，在推动其自身发展的同时，也有利于交叉学科的产生和发展。

其二，大数据创新高校思想政治理论课作为自然科学与人文科学交叉的产物，其融合能够推动新兴学科的发展。大数据创新高校思想政治理论课需整合马克思主义学院、信息技术学院等相关院系的专家、学者组建科研教学团队，当两个学科团队进行交流探讨而产生沟通障碍并阻断研究进程时，双方会不断地沟通和协调不同的观点和知识，当互动和整合变得活跃之后，两个学科就会发生交叉，从而促进新兴学科的产生和发展。此外，针对两个院系的学生所开展的跨学科联合培养计划，推动了复合型人才的产生和发展。

其三，以交叉学科的视野推进高校思想政治理论课与大数据的融合创新，不是简单地、机械地将数据技术与思想政治教育学科理论进行结合，而是通过这样一种视角，在立足思想政治教育本身学科特质的基础上，借鉴大数据所特有的数据思维和技术优势，通过研究和探寻思想政治教育学科和大数据的交叉点，积极推动大数据与思想政治教育交叉学科的发展。

参考文献

[1] 陈艳芳，宁岩鹏. 高校思想政治教育生态论研究 [M]. 秦皇岛：燕山大学出版社，2019.

[2] 马晓红，杨英华，崔志林. 高校思想政治工作与素质教育研究 [M]. 长春：吉林文史出版社，2019.

[3] 金丽馥. 高校思想政治理论课改革 [M]. 南京：南京师范大学出版社，2019.

[4] 边和平，刘薇. 高校思想政治理论课教学课程论 [M]. 徐州：中国矿业大学出版社，2019.

[5] 吕开东. 新时代高校思想政治教育工作探索 [M]. 北京：光明日报出版社，2019.

[6] 尹婷婷，张静，杨素祯. 新媒体时代高校思想政治教育创新探究 [M]. 北京：研究出版社，2019.

[7] 彭付芝. 新中国成立 70 年高校思想政治理论课建设 [M]. 北京：知识产权出版社，2019.

[8] 史良. 传统文化与高校思想政治教育融合发展的价值研究 [M]. 石家庄：河北人民出版社，2019.

[9] 周静. 高校思想政治教育工作实效与方法研究 [M]. 长春：吉林出版集团股份有限公司，2019.

[10] 程美东. 吴宝晶，肖贵清，贺大兴等. 改革开放四十年高校思想政治理论课建设 [M]. 北京：知识产权出版社，2019.

[11] 覃春华. 高校思想政治理论教学 [M]. 长春：吉林出版集团股份有限公司，2020.

[12] 荆筱槐. 大数据与高校思想政治理论课 [M]. 北京：光明日报出版社，

2020.

[13] 张翼.高校思想政治教育话语传播研究 [M].长春：吉林大学出版社，2020.

[14] 程贵林，张海丽.高校思想政治理论课改革与创新 [M].中国财富出版社，2020.

[15] 罗春秋，朱云生.高校思想政治理论课实践教程 [M].成都：西南交通大学出版社，2020.

[16] 李振宇.高校思想政治理论课多媒体教学艺术研究 [M].天津：天津人民出版社，2020.

[17] 郎益君.高校思想政治理论课教学创新研究 [M].沈阳：辽宁大学出版社，2020.

[18] 姚彩云.新时代高校思想政治教育工作研究 [M].中国财富出版社，2020.

[19] 严莹.新媒体时代高校思想政治教育研究 [M].上海：上海交通大学出版社，2020.

[20] 沈光.新时代高校思想政治教育亲和力研究 [M].徐州：中国矿业大学出版社，2020.

[21] 杨婷.陈柏林.广东高校思想政治工作研究 [M].广州：广东高等教育出版社，2021.

[22] 邢亮，殷昭鲁.高校思想政治理论课实践教程 [M].北京：新华出版社，2021.

[23] 王石径.新时代高校思想政治教育的创新理路与关键问题 [M].华中师范大学出版社有限责任公司，2021.

[24] 王仕民，吴晓斐.新时代高校思想政治理论课前沿问题研究 [M].广州暨南大学出版社有限责任公司，2021.

[25] 钟家全.互联网与新时代高校思想政治教育队伍建设 [M].成都：西南交通大学出版社，2021.

[26] 刘宝杰，杨世宏.高校思想政治理论课实践教学理论与实践 [M].北京：光明日报出版社，2021.

[27] 胡绪明.高校思想政治理论课实践教学案例与课程设计 [M].天津：

天津人民出版社，2021.

[28] 黄快林 . 新时代高校思想政治工作问题研究 [M]. 北京：中国社会出版社，2021.

[29] 徐玉钦 . 新媒体时代高校思想政治教学模式研究 [M]. 长春：北方妇女儿童出版社有限责任公司，2021.

[30] 谈娅 . 新时代高校思想政治教育创新研究 [M]. 重庆：西南师范大学出版社，2021.